本书获得南昌航空大学博士启动金项目"共生视阈下区域产教融合机理及优化路径研究"、江西省社科规划项目"'双链'驱动江西省航空产业集群价值链高端攀升机理及发展对策研究"（21YJ26D）的资助

区域 产学研 协同

测度、功能与驱动因素

**REGIONAL INDUSTRY-UNIVERSITY-RESEARCH
COLLABORATION: MEASUREMENT, FUNCTION
AND DRIVING FACTORS**

严 红 ◎ 著

经济管理出版社

ECONOMY & MANAGEMENT PUBLISHING HOUSE

图书在版编目（CIP）数据

区域产学研协同：测度、功能与驱动因素/严红著.—北京：经济管理出版社，2022.6

ISBN 978 - 7 - 5096 - 8496 - 2

Ⅰ.①区… Ⅱ.①严… Ⅲ.①产学研—体化—研究—中国 Ⅳ.①G640

中国版本图书馆 CIP 数据核字（2022）第 099575 号

组稿编辑：杜　菲
责任编辑：杜　菲
责任印制：黄章平
责任校对：蔡晓臻

出版发行：经济管理出版社
　　　　　（北京市海淀区北蜂窝 8 号中雅大厦 A 座 11 层　100038）
网　　址：www. E - mp. com. cn
电　　话：（010）51915602
印　　刷：唐山昊达印刷有限公司
经　　销：新华书店
开　　本：720mm×1000mm/16
印　　张：12.25
字　　数：191 千字
版　　次：2022 年 6 月第 1 版　　2022 年 6 月第 1 次印刷
书　　号：ISBN 978 - 7 - 5096 - 8496 - 2
定　　价：88.00 元

前　言

"十四五"规划指出，我国已转向高质量发展阶段，但发展不平衡不充分问题仍然突出，重点领域关键环节改革任务仍然艰巨，创新能力不适应高质量发展要求，要把科技自立自强作为国家发展的战略支撑，面向世界科技前沿、面向经济主战场、面向国家重大需求、面向人民生命健康，深入实施创新驱动发展战略，加快建设科技强国。但是由于创新的复杂性和不确定性日趋增加，创新周期越来越短，创新难度越来越高，任何创新个体难以独自高效地解决产业发展升级面临的重大技术难题。为此，"十四五"规划强调，要强化企业创新主体地位，促进各类创新要素向企业集聚，推进产学研深度融合。

产学研协同创新模式突破传统的组织边界，在实现资金、知识、信息、人员、设备等创新资源互补与集成的同时，分散创新风险、降低创新成本、提高创新成效，已成为国家创新系统的重要组成部分和区域创新体系建设的主要途径。但是在产学研协同创新实践过程中，不同的创新主体协同参与创新活动，存在着不同的利益诉求、文化差异、体制壁垒等障碍，或协而不同，或协同程度低，制约预期效果的实现，影响区域创新绩效的整体提升。政府工作报告中关于"产学研"的表述从党的十八大报告中的"产学研相结合"到党的十九大报告中要求的"产学研深度融合"，也反映了国家对产学研协同的更高期待和高度重视。优化区域产学研之间的协同，提升区域创新绩效，是有效应对科技革命挑战和激烈的市场竞争，建设创新型省份、创新型国家的必然选择，成为政界、学界、产业界关注的焦点。

面对从中央到地方、从高校到企业各方的产学研协同创新期待，各区域的产学研协同性怎么样、产学研协同对区域创新绩效产生了怎样的影响、影响产学研协同的因素主要又有哪些？对这些问题的回答对促进产学研深度融合，扎实推进国家创新驱动发展战略具有重要而现实的意义。因此，通过构建区域产学研协同创新复合系统协同度模型，科学度量区域产学研之间的协同性，分析区域产学研协同度对区域创新绩效的影响，探究区域产学研协同性形成的驱动因素，提出区域产学研协同性优化的策略是具有学术价值和现实意义的科学问题。

笔者遵循协同度的测量——协同度的前因后效分析——产学研协同性提升策略的研究思路，首先，运用 Topsis—灰色关联动态耦合协调度模型对 2008～2017 年中国 30 个省份的产学研之间的协同性进行测量，并利用泰尔指数、探索性空间数据分析方法对区域产学研协同度的空间分布格局、聚集状态、异质特征和演化规律进行剖析。其次，运用双重激励动态综合评价方法对 2008～2017 年中国 30 个省份的创新绩效进行测量，利用面板数据回归分析法对区域产学研协同度与区域创新绩效间的关系进行实证分析。再次，应用文献研究、专家咨询、地理探测器、多元逐步回归分析等方法，科学准确识别出影响区域产学研协同度的主导因素、根源因素及影响机制。最后，在比较借鉴主要发达国家美国、日本、德国、英国的产学研协同创新实践经验的基础上，基于区域产学研协同三维共生模型，提出优化区域产学研协同、提升区域创新绩效的策略。

本书的创新之处主要有三个方面：①基于系统论、协同论、三重螺旋理论等构建了由学研机构子系统、企业子系统、协同效应子系统有机组成的区域产学研协同创新复合系统，并利用 Topsis—灰色关联动态耦合协调度模型对区域产学研之间的协同性进行了客观科学的测量。②在实证分析区域产学研协同度正向影响区域创新绩效的基础上，综合运用地理探测器、多元逐步回归分析等方法科学识别了影响区域产学研协同度的主导因素、根源因素和影响机制。③基于国内外产学研协同创新的成功实践和已有的相关协同创新理论基础，结合本书所做的实证分析研究结果提出了优化区域产学研协同度，提升区域创新绩效的对策。

目　录

第一章

绪 论

一、研究背景和意义

（一）实践背景和现实意义

21 世纪以来，产学研协同创新与区域创新绩效提升始终是学术界和实践领域高度关注的问题（洪银兴，2008；蒋伏心等，2015）。产学研协同创新即指企业、政府、知识生产机构（大学、研究机构）、中介机构和用户等为了实现重大科技创新而开展的大跨度整合的创新组织模式（陈劲和阳银娟，2012）。2008 年世界金融危机后，我国经济逐渐从高速增长阶段转向高质量发展阶段，提升发展动力、转变发展方式任务艰巨，突出强调要把发展经济的着力点放在实体经济上，加快建设制造强国，加快发展先进制造业。2018 年以来的国际贸易形势使我们越来越清醒地认识到，科技自主创新是贸易战的焦点更是赢得贸易战的突破口。在建设创新型国家、制造业强国的战略背景下，创新是引领发展的第一动力，创新能力成为衡量国家或区域竞争力和可持续发展能力的重要因素。以程控交换机为例，

20 多年前中国没有掌握这项技术，全部靠引进，每线是 480 美元，中国企业研发成功后，价格迅速下降，降至每线 1 美元（陈劲和郑刚，2016）。2020 年受新冠肺炎疫情影响，当前和今后很长一段时间全球经济都将处于下行阶段，推动我国经济的"三驾马车"动力不足，必须扩大内需刺激经济发展，而扩大内需的根本出路在于供给侧结构性改革，通过持续不断的创新弥补供需借位，提高产品和服务质量，刺激新需求，实现可持续的经济增长。

然而随着创新的复杂性、不确定性日益增强，创新周期日趋缩短，单纯依靠企业内部资源进行高成本的创新活动、重大技术突破或自主品牌创建，难以适应快速多变的市场需求和日益激烈的市场竞争，单个企业也不可能掌握持续发展所需的全部技术，从外部寻求资源来支撑创新活动成为企业可持续发展的必由之路。高校和科研院所拥有知识、科技、人才和学科交叉等诸多优势，是知识创新的源泉、高科技的重要生长点、强大辐射源和科研力量的主力军，学研机构与企业的协同创新有助于实现科研成果的转化、推动科学技术进步、促进科技人才培养，是学研机构发挥科学研究和服务社会职能的重要途径，也是推动企业发展、产业升级、国家自主创新能力提升的战略合作模式①（殷辉和陈劲，2015）。产学研协同创新模式突破传统的组织边界，能有效地弥补单个创新主体创新资源不足、创新周期过长、创新风险过高的缺陷，可以实现资金、知识、人员、设备等创新资源的集聚和互补，降低创新风险和创新成本，提高创新成效（Eom & Lee，2010），推进科研成果的产业化进程，实现科研成果的经济价值。产学研协同创新日渐成为落实创新驱动发展战略、促进科技成果向现实生产力转化、提升产业核心竞争力的重要支撑。

早在 1992 年，原国家经贸委、教育部和中科院联合开始组织实施"产学研联合开发工程"，旨在通过企业、学研机构之间的合作，解决科技研发与科技成果转化相脱节现象，使科技成果快速转化，由此开启了协同

---

① 文中将高校和科研院所统称为学研机构，泛指具有知识创新和研究能力的学术机构。

创新之门。进入 21 世纪，协同创新更是被提高到国家创新体系重要组成部分的高度，2011 年，胡锦涛在清华大学百年校庆大会上就强调要积极推动协同创新，鼓励高校同科研机构、企业开展深度合作，建立协同创新战略联盟，这是第一次从国家战略高度对协同创新提出的新要求。2012 年 5月，教育部、财政部联合制订了《"高等学校创新能力提升计划"实施方案》（也称"2011 计划"），"2011 计划"正式启动。党的十八大明确提出实施创新驱动发展战略，深化科技体制改革，着力构建以企业为主体、市场为导向、产学研相结合的技术创新体系。党的十八届三中全会提出要建立产学研协同创新机制，并将产学研协同创新写进《中共中央关于全面深化改革若干重大问题的决定》，为产学研合作指明了进一步的发展方向。党的十九大报告中习近平总书记指出，要深化科技体制改革，建立以企业为主体、市场为导向、产学研深度融合的技术创新体系。关于"产学研"的表述从党的十八大报告的"产学研相结合"到党的十九大报告的"产学研深度融合"体现了国家对产学研协同创新的更高期待和高度重视。在2020 年新冠肺炎疫情阻击战中，习近平又特别强调要加快建立以企业为主体、产学研相结合的相关研发和产业化体系。

2016 年，党中央、国务院召开中国科技发展史上具有里程碑意义的全国科技创新大会，颁布《国家创新驱动发展战略纲要》，突出强调要打造区域协同创新共同体，促进区域创新力和竞争力的整体提升。区域内学研机构知识扩散的需要和企业对技术创新知识源的需要，构成了产学研的供需市场，通过协同创新能够降低成本、分散独立创新的风险，为创新主体带来新的知识和资源，直接影响区域创新绩效。因此，产学研协同创新被视为区域创新绩效提升的重要手段（刘友金等，2017）。

区域产学研协同创新作为当今科技发展和社会进步的重要特征，已成为国家创新体系的重要组成部分。如图 1.1 所示，2008～2017 年我国企业与高校或科研院所合作申请的专利数由 9838 件猛增至 58192 件，增幅达491.5%，平均年增长 19.45%。合作专利占全部专利申请比例由 2008 年的0.2% 增至 2017 年的 0.62%，这充分说明了产学研之间的合作越来越密切。

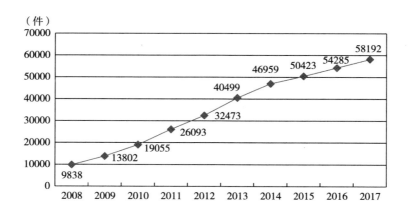

图 1.1 2008～2017 年我国产学研合作专利申请数

资料来源：根据国家知识产权局网站检索数据整理得到。

　　然而，我国的创新水平与世界的差距依然很大，从《2015 全球创新企业百强》榜单看，日本以 40 家高居榜首，美国以 35 家居第二位，我国内地无一入围，创新水平与世界发达国家的差距可见一斑。科研成果的最终价值要依靠产业化来体现，而资料显示，2016 年我国研发投入、专利申请数就已经位居世界第一，但是创新整体水平、科技成果质量较低，专利交易比例不足 7%，产学研合作科技成果转化率不足 30%，远远低于发达国家 80% 的水平。2018 年全球创新指数显示，全球最具创新性经济体排名中我国位列第 17，而产学研创新能力指标位列第 27，发达国家的高校专利转让达到 50%，而我国国内高校被转让、许可专利占有转化价值的"活专利"的 2.03%（武玉英等，2018）。另外，我国的产学研合作尚未形成规模，大部分合作仍处于点对点或单打独斗的局面，合作也多限于短期或单独项目，合作的模式、合作的内容较为单调，产学研合作不深入、不协同、不可持续，导致我国在制约产业发展的关键技术问题上难以取得实质性进展（冯海燕，2018）。人才培养、技术研发、产业培育等领域的协同创新是小到企业大到区域、国家实现跨越式发展的必经之路。创新主体间的协同性制约了企业和学研机构对科技、人才的供需匹配，成为影响区域创新绩效的重要因素。如何推动产学研之间的深度合作与共同发展已成为国家、地方政府、产学研界高度关注的焦点。

产学研协同离不开区域层面的支撑，产学研之间的相互作用和协同配合，最终作用于区域创新绩效的形成。因此，区域产学研协同创新的协同性程度应予以准确的度量，便于政府、学研机构、企业把握整个协同创新的发展状况与趋势，挖掘影响协同度的环境因素，形成优化产学研协同的有效策略，提升区域创新绩效，以有效地应对国家重大需求，实现在关键共性技术、前沿引领技术、颠覆性技术创新方面取得突破，支撑国家创新驱动发展战略的顺利实施。而如何对区域产学研协同创新的协同性进行测度和引导是长期困扰区域产学研协作的现实难题。为此，构建区域产学研协同度评价体系，系统研究区域产学研协同度的影响因素，通过体制机制的改革提升创新主体间的协同度，实现深度协调合作，促进区域创新绩效的提升，提升国家自主创新水平，具有积极的现实意义。

（二）理论背景和学术意义

1992 年，产学研协同创新大门打开后，吸引了大批学者的关注，围绕产学研合作的动因、产学研合作的模式、产学研合作的影响因素、产学研合作效果的评价等方面展开了大量的研究。从已有文献看，现有研究更多集中在产学研协同创新模式、协同创新网络、知识创造和吸收能力、创新绩效评价、影响因素分析等方面，倾向于从微观层面分析创新主体之间的协同对创新效率和微观创新绩效的影响，较少从区域层面研究产学研协同性对区域创新绩效的影响，也许由于产学研协同创新仅是区域创新体系的路径之一，区域创新绩效除受产学研协同性的影响外，还主要受区域人力资本、物质资本、经济发展水平、对外开放水平等诸多因素的影响，特别是欠发达地区，学研机构知识创造能力较弱，产学研协同对区域创新绩效的促进作用尚不显著。此外，国内学者对产学研协同度、区域创新绩效指标体系及评价方法尚未形成一致认识，而且协同度如何影响区域创新绩效的认识多侧重于定性分析，定量分析较少，也未能达成一致共识。

产学研协同创新的本质是将知识创新与科技创新有机协同起来，产学研协同创新关键是要解决好学研机构与企业分别作为知识创造主体和技术创新主体进入孵化新技术领域中的协同关系（洪银兴，2008）。陈劲与阳银娟（2012）认为，学研机构的研究成果与企业技术需求之间的匹配度、系统内知识、资源、行为的匹配度都将影响到创新绩效的高低。协同度是衡量跨组织协同创新效果的有效工具，用以表征复合系统中各创新要素在系统演化过程中协同一致的程度（吴笑等，2015）。协同创新是复杂的自组织系统，其从无序到有序的关键在于系统内部序参量间的协同作用，度量这种协同作用的变量就是协同度（李林和杨泽寰，2013）。协同创新过程中的协同度影响区域创新绩效，系统、客观、科学地对区域产学研之间的协同度进行评估有利于系统分析区域协同创新能力现状，发现其不足，是构建行之有效的区域产学研协同创新体制机制的基础。

本书侧重从区域层面，以创新论、系统论、协同论、三重螺旋理论、共生论等为理论基础，系统研究区域产学研协同创新过程中主体之间协同性的度量，协同度的影响因素、影响机理，实证分析区域产学研协同度与区域创新绩效之间的关系，探索如何构建合适的内部管理制度和外部环境体制机制，提高产学研之间的协同度，促进区域创新绩效的提升。从产学研主体的角度，深化了对产学研合作过程中学（研）、企业、政府间关系的认识，丰富了三重螺旋理论；从协同共生的角度探索优化区域产学研协同、提升区域创新绩效的策略，并对其进行定量实证研究，拓展延伸了协同创新的研究范畴。

二、问题界定、研究目的和研究内容

（一）问题界定

区域产学研之间的协同度如何测量？产学研协同度受哪些因素驱动，

影响机理如何？产学研协同度与区域创新绩效间的关系如何？如何优化提升产学研之间的协同以促进区域创新绩效的提高？

（二）研究目的

科学测量区域产学研之间的协同度，探索产学研协同度的影响机理，提出优化产学研协同的策略，促进区域创新绩效的提升。

（三）研究内容

本书从区域创新系统的角度，构建区域产学研协同创新复合系统协同度测度模型，客观科学度量区域产学研之间的协同性，分析区域产学研协同创新复合系统协同度的地区差异和时空格局变化趋势；就区域产学研协同度和区域创新绩效之间的关系进行实证研究；探测区域产学研协同度时空分异的主导因素；在借鉴西方主要发达国家协同创新实践成功经验的基础上，从共生视阈探索优化区域产学研协同的对策机制，以提升区域创新绩效。一方面，丰富和完善区域产学研协同创新的理论研究，尤其是明晰影响区域产学研协同度的关键因素和作用机理，为今后深化产学研协同创新奠定理论基础；另一方面，紧紧围绕国家创新驱动发展战略，结合区域产学研协同创新发展实际，提出优化区域产学研协同、提升区域创新绩效的系统性对策建议。具体研究内容包括以下几方面：

1. 区域产学研协同创新复合系统协同度测算

基于系统论、协同论、三重螺旋理论、共生理论，构建由学研机构子系统、企业子系统、协同效应子系统组成的区域产学研协同创新复合系统，确定相应的序参量指标体系，利用熵权法和 AHP 层次分析法进行组合赋权。在此基础上，运用 Topsis—灰色关联动态耦合协调度模型对 2008 ~ 2017 年 30 个省份的区域产学研协同创新复合系统协同度进行测量，利用泰尔指数、探索性空间数据分析对其时空分异特征进行分析。

2. 区域创新绩效测算及与区域产学研协同度之间的关系分析

基于区域创新理论，构建区域创新绩效评价指标体系，运用双重动态激励综合评价模型对 2008 ~ 2017 年 30 个省份的创新绩效进行测量，对照比较分析区域产学研协同度和区域创新绩效的空间分异特征，利用面板回归分析法对区域产学研协同创新复合系统协同度与区域创新绩效间的关系进行实证分析。

3. 区域产学研协同度影响因素的实证分析

应用文献研究、专家咨询、地理探测器、多元回归分析等方法，找出影响区域产学研协同创新复合系统协同度的主导因素、根源因素及影响机制。

4. 区域产学研协同优化的对策

在比较借鉴各主要发达国家的产学研协同创新实践的基础上，基于协同共生模型，从创新主体（点）的内驱策略、创新主体间关系（线）的协调策略、创新主体外部环境（面）的保障策略三个维度提出优化区域产学研之间的协同性的体制机制。

三、研究思路和研究方法

（一）研究思路

在背景分析和文献阅读的基础上，充分认识区域产学研协同促进资源共享、优势互补、风险共担，实现科技、人才供需匹配，提升区域创新绩效的重要性。本书研究主要围绕区域产学研的协同性展开。

区域产学研协同度的测量——区域产学研协同度与区域创新绩效间的关系实证分析——识别影响区域产学研协同度的主导因素——构建优化提升区域产学研协同度的对策。技术路线如图 1.2 所示。

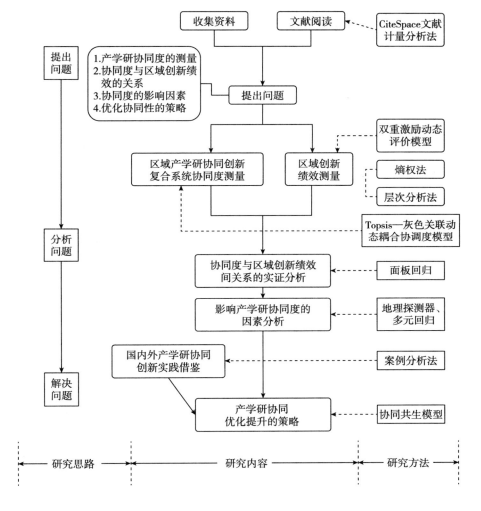

图 1.2　本书技术路线

（二）研究方法

1. CiteSpace 文献计量分析法

CiteSpace 文献计量分析法是基于共引分析理论和寻径网络算法等开发的一款信息可视化软件，由美国德雷赛尔大学（Drexel University）信息科学与技术学院陈超美开发，用于对特定领域的文献进行计量，探寻学科领域演化的关键路径（严红等，2019）。文献计量分析法能有效地帮助读者更直观全面地理解所从事的研究领域，可以帮助回答在特定领域内，哪些文献具有开创性和标志性；在研究领域的发展历程中，哪些文献发挥着关键性作用；哪些研究主题在某个研究领域占主流地位等。

本书在对 2011～2017 年关于协同创新领域的研究文献进行收集的基础上，利用 CiteSpace 引文空间分析软件对协同创新研究领域进行文献计量分析，识别出该领域的代表性文献、高被引文献、热点研究主题以及该研究领域的权威作者和期刊，了解该领域的研究基础和研究趋势，为研究打下基础。

2. 熵权法和 AHP 层次分析法

熵权法是一种客观赋权方法。一个系统的熵就是它的无组织程度的度量，用于测量某个指标数据信息量大小，其提供的信息量越大，指标值离散程度越高，权重也越大，采用信息熵值法计算评价指标的权重系数可进行多指标综合评价。由于熵值法是通过对各项指标所能提供信息量的大小的比较来确定指标对应权重大小，可以消除评价者的主观性影响，将决策过程层次化、定量化，易于比较分析（任淑荣，2014）。

AHP 层次分析法是一种主观赋权法，由美国匹兹堡大学的 Saaty 于 20世纪 70 年代初提出的一种层次权重决策分析方法，主要解决评价指标体系、具体指标的权重及其一致性检验，其核心是将决策者的经验判断定量化，使之科学化，计算结果简单明确，可以解决系统存在的不确定性和复杂性（吴笑等，2015）。

本书综合运用熵权法和 AHP 层次分析法，主客观相结合确定区域产学研协同创新复合系统序参量指标体系的权重，以及测度区域创新绩效时各指标体系的权重，是开展实证分析的前提。

3. 灰色关联度分析法

国内学者邓聚龙于 1982 年创立灰色系统理论，用于分析各个因素之间发展趋势的相似或相异制度，是一种度量系统因素间紧密程度的方法。

其基本原理是根据各评价序列构成的曲线族与参考序列构成的曲线之间的几何相似程度来确定序列间的关联程度（李海东等，2014）。若序列之间的变化有一致性，则序列之间关联度高，反之则关联度低。灰色关联度分析是一种多因素统计分析方法，该方法对数据的要求较低，适合"部分信息已知、部分信息未知"的小样本、信息不确定性系统数据的分析，识别引起系统变化的主要因素和次要因素，准确判断各因素对系统的影响程度（杜栋等，2012）。

本书利用灰色关联度分析法，计算产学研协同创新复合系统子系统的灰色综合贴近度，在此基础上构建 Topsis—灰色关联动态耦合协调度模型对区域产学研协同创新复合系统的协同度进行测算。

4. 面板数据回归分析

面板数据包含个体、时间、指标三维信息，利用面板数据模型具有以下优点：一是可以构造和检验比单独使用截面数据或时间序列数据更为真实的行为方程，能提供更多的信息，以进行更加深入的分析；二是由于很多变量具有内生性，如果利用截面数据或时间序列数据模型结果有偏或非一致，变量之间可能非平稳，就可能导致伪回归，面板数据模型提供了避免此问题的途径。

本书利用我国 2008~2017 年 30 个省份的面板数据，运用面板数据回归分析法实证分析区域产学研协同度与区域创新绩效之间的关系。

5. 泰尔指数法（Theil Index）

泰尔指数最初是用于衡量地区间收入差异的重要指标，由泰尔根据信息理论中的熵的概念计算得到（范德成和杜明月，2017）。它是将总体差异分解为组间差异和组内差异，进而可以衡量组内差异和组间差异对总差异的贡献，已广泛应用于区域资源的差异分析。

本书利用泰尔指数法探求区域产学研协同度和区域创新绩效的空间差异特征，并进行对比分析，有助于分析其空间差异背后的成因。

6. 探索性空间数据分析（ESDA）

探索性空间数据分析是一种比较理想的数据驱动分析方法，指在尽量少的先验假设条件下，利用统计学、地理学、信息系统等原理对空间数据进行探析，通过样本观测、方法拟合、特征值计算、作图等手段，发现数据的空间分布结构和规律，揭示数据的空间关联性和异质性等特征（彭程等，2016）。探索性空间数据分析的核心内容是空间自相关分析，用来度量某种变量在不同空间位置观测数据之间的相关性。其中有全局空间自相关统计量 Moran'I 和局部空间自相关统计量 Local Moran'I。

本书利用探索性空间数据分析方法探讨区域产学研协同度和区域创新绩效的空间分异特征，分析它们的空间自相关状况，以揭示其空间分布规律和可能的影响因素。

7. 地理探测器

地理探测器是探测空间分异性以及揭示其背后驱动因子的一种新的统计学方法，由王劲峰等于 2010 年首次提出，用于探测地理事物空间分布的差异性，揭示其背后驱动因子，探明其作用机理的一种新的统计学方法，包含因子探测器、风险探测器、交互作用探测器、生态探测器等多种方法，其中因子探测器通过比较每个子区域的累计方差与整个研究区域的方差，寻找可能影响事件发生的风险因子，应用较为广泛（王劲峰和徐成东，2017）。

本书利用地理探测器探索区域产学研协同度时空分异的主导因素，分析其影响机制，为优化区域产学研协同精准施策提供依据。

四、研究创新点

本书的可能创新之处有以下几方面：

第一，基于系统论、协同论、三重螺旋理论等构建了由学研机构子系统、企业子系统、协同效应子系统有机组成的区域产学研协同创新复合系统，并利用 Topsis—灰色关联动态耦合协调度模型对区域产学研之间的协同度进行了客观科学的测量。

第二，在实证分析区域产学研协同度正向影响区域创新绩效的基础上综合运用地理探测器、多元逐步回归分析等方法科学识别了影响区域产学研协同度的主导因素、根源因素和影响机理。

第三，基于国内外产学研协同创新的成功实践和已有的相关协同创新理论基础，结合本书所做的实证分析研究结果提出了优化区域产学研协同，提升区域创新绩效的对策。

五、本书研究框架

本书共分为八章：

第一章：绪论。主要概述研究背景、研究问题、研究目的、研究意义、研究内容、研究方法、研究思路和研究框架，并对主要创新点进行了说明。

第二章：文献综述与理论基础。对相关概念进行界定，对国内外研究现状进行梳理，同时介绍了区域创新理论、三重螺旋理论、协同论、系统论、共生理论等，并对理论启示进行阐述。

第三章：国内外产学研协同创新实践比较。介绍我国和美国、英国、德国、日本等主要发达国家的产学研协同创新实践，并从中吸取有利于推动我国区域产学研协同创新实践的政策经验和做法。

第四章：区域产学研协同度评价。构建由学研机构子系统、企业子系统、协同效应子系统组成的区域产学研协同创新复合系统，运用 Topsis—灰色关联动态耦合协调度模型对 2008～2017 年 30 个省份的区域产学研协同度进行测量，利用泰尔指数、探索性空间数据分析法对其时空分异特征进行分析。

第五章：产学研协同度与区域创新绩效的关系分析。运用双重动态激励综合评价模型，对 2008～2017 年 30 个省份的区域创新绩效进行测算；对照比较分析区域产学研协同度和区域创新绩效的空间分异特征，利用面板数据模型实证分析区域产学研协同度与区域创新绩效之间的关系。

第六章：区域产学研协同驱动因素分析。通过运用多元回归模型、地理探测器等方法，以 2008～2017 年 30 个省份的数据为样本，分析驱动区域产学研协同的主导因素和影响机制。

第七章：区域产学研协同优化提升的策略。在分析了区域产学研协同驱动因素的基础上，利用三重螺旋理论、协同共生理论，结合现有的研究成果和国外经验借鉴，从创新主体（点）的内驱策略、创新主体间关系（线）的协调保障、创新主体外部环境（面）的保障策略立体维度提出优化区域产学研协同的对策。

第八章：结论与展望。对全书进行总结，并全书中的不足和下一步研究方向进行展望。

第二章
文献综述与理论基础

一、相关概念界定

学术界关于区域产学研协同创新的研究已经取得了较为丰硕的研究成果，多集中于产学研协同创新的内涵、产学研协同创新的模式、产学研协同创新的理论基础、产学研协同创新绩效的影响因素等方面。围绕本书研究需要，本节对相关概念进行梳理。

（一）协同的内涵

根据百度百科的释义，协同源于古希腊语，或曰协和、同步、和谐、协调、协作、合作，是指协调两个或两个以上的不同个体，协同一致地完成某一目标的过程或能力。协同概念于 1965 年由美国的 Ansoff（1987）在《公司战略》一书中研究企业多元化问题时首次提出，系统内部各要素在联系和发展过程中通过共享资源，一致协作、配合，出现不同于初始状态的质变过程，主要指企业组织内各事业部之间的协同或企业之间共生互长的关系，通过各事业部间的合作达到的总收益大于各部门单独营运的收益之和，协同的核心是价值协同。系统提出协同理论的是德国理论物理学家哈肯。哈肯在对诸多相互独立发光的原子及其光电场在一定的约束条件下，能产生相位与方向一致的激光这一现象深入研究的过程中，于20世纪70年代出版了《协同学导论》一书，创立协同学。他将协同定义为研究一个由大量子系统以复杂方式相互作用所构成的复合系统，各子系统在一定条件下通过非线性作用产生协同现象和协同效应，超越各要素单独作用，形成具有一定功能的自组织结构（Broolces，1981）。吴彤（2001）认为，协同是整体系统中诸多子系统或要素之间交互作用而形成有序的统一整体的过程。李林与杨泽寰（2013）认为，协同就是指系统中诸要素或各子系统间的相互合作和共同作用。

（二）协同创新的内涵

最早对协同创新这个名词进行定义的是美国麻省理工学院研究员彼得·葛洛（Peter Gloor），他指出协同创新是由自我激励的人员所组成的网络小组形成集体愿景，借助网络进行思想、信息和技术等方面的交流，以实现共同目标（李祖超和梁春晓，2012），包括沟通、协调、合作、协同四个过程（Serrano & Fischer，2007）。协同创新既可以表现为企业内部技术、组织与文化的协同创新，又可以表现为企业与企业之间、企业联盟间的协同创新，还可以表现为产业、高校、科研院所等不同创新主体和要素之间的协同创新（张钢，1997），或市场、技术与管理间的协同创新（饶杨德，2008）。

协同创新作为整合创新资源、提升创新效率的有效途径，已成为世界科技创新活动的主流趋势和国家竞争力形成的主要影响因素（倪鹏飞，2010）。随着协同创新实践持续广泛深入的开展，国内学者结合区域经济发展特征和创新体系建设规律，从不同角度对协同创新的概念进行了本土化丰富。陈劲和阳银娟（2012）定义协同创新为企业、政府、知识生产机构、中介机构和用户等为了实现重大科技创新而开展的大跨度整合的创新组织模式，主要表现为产学研合作的过程，奠定了协同创新的内涵基础。

姚艳红和夏敦（2013）则强调多个异质的创新主体基于优势互补、风险共担、互利共赢的原则，通过资金、信息、技术、知识、人才等创新资源的共享与复杂的相互作用，产生单个创新主体独自无法实现的整体创新效应的过程。鲁若愚（2012）强调协同创新是不同创新主体为共同完成某项技术创新目标，基于共同投入、共同参与、共享收益、共担风险的原则进行科学分工组织协作的契约设计，主要形式是以高校、科研院所为技术供给方，以企业为技术需求方的研发合作。张学文和陈劲（2014）将创新主体区分为高校、科研院所、企业等核心要素以及政府、金融机构、中介组织等辅助要素，认为产学研协同创新是多元知识创造和技术创新主体协同互动产生系统叠加的非线性效用，有机构成的网络创新模式。李忠云和邓秀新（2011）侧重高校视角，将协同创新定义为高校内部不同学科的教师之间，高校教师与科研院所或企业的研究者之间，围绕国家重大科技项目或行业关键共性技术的攻关，或者生产过程中的现实难题，共享彼此的优势资源和能力，在政府、金融机构、科技服务中介机构等辅助主体的支持下，协同攻关。李祖超和梁春晓（2012）认为，高校协同创新本质是高校、科研院所和企业等创新主体与政府、中介组织等辅助主体共同构成的多元协作网络创新模式，目的是实现重大知识或科技创新。解学梅等（2014）则侧重企业视角，认为企业协同创新是企业在创新过程中，同上下游企业、研究机构、高校、中介和政府等相关主体的创新要素进行耦合和交互作用，产生个体创新要素难以实现的整体协同效应的过程。

科技创新大致可以分为三个阶段：以科学发现为主的知识创新阶段、将科学发现的新知识孵化为新技术阶段、采用新技术进行产业化的阶段（洪银员，2008）。突出企业在协同创新中主导地位的企业协同创新侧重第三阶段的技术应用创新，而突出高校在协同创新中占主导地位的高校协同创新则侧重第一阶段的知识创新。本书在对已有研究成果进行综合比较分析的基础上，侧重将产学研协同创新定位于第二阶段即创新知识孵化为新技术环节的协同创新，其内涵定义如下：企业、学研机构等核心创新主体基于各自的异质性知识和比较优势，在政府、金融机构、科技中介服务组织等辅助创新主体的参与支持下，以新技术孵化、科技攻关、人才培养等为主要合作内容，以提升企业科技实力和学研机构科学研究及人才培养水平为目标的创新组织模式。此外，高校、科研院所、企业都存在于特定的区域范围内，产学研协同创新既可以理解为具体微观创新个体间的创新协同，也可以理解为一定区域范围内产学研整体的协同创新，本书的产学研协同创新特指区域层面内的产学研协同创新，是区域创新体系的主要创新模式。

产学研协同创新的目的是最大限度地协同各方投入的资源进行重新配置，最大限度地发挥产业方、学研方的各自优势和作用，最大限度地将科技转化为现实生产力（霍妍，2009），因此对新常态下的中国经济社会发展意义重大。它有利于构建和完善国家创新体系，推动创新型国家建设；有利于加快转变经济发展方式，实现由要素驱动、投资驱动向创新驱动的转变；有利于促进原始创新、集成创新和消化吸收再创新的结合，推动战略性新兴产业、特色优势产业加速发展；有利于调动各创新主体的积极性，实现资源互补和共享，实现知识、技术和效益的有机统一。

（三）产学研协同度的内涵

协同程度的测度标准称为协同性，以反映区域产学研协同创新过程中各创新主体间的合作协同程度（王志宝，2013），是判断企业与学研合作创新协同发展的本质标准。Corning（1998）认为，产学研协同创新中的协同是系统中多个子系统的要素间产生的整体效应。孟庆松与韩文秀（2000）认为，协同是指系统之间或系统组成要素之间在发展演化过程中彼此和谐一致，其和谐一致的程度称为协调度，不同产业之间创新协调度越高，则产业协同创新能力就越强；反之则越弱。彭纪生（2000）将协同度定义为多个创新主体、创新要素或创新系统在特定区域环境下整合优化的紧密、有序和完整程度。桑秋等（2008）认为，协同是指系统之间或系统内要素之间和谐一致完成某一目标的过程或能力，协同度是对其协调状况好坏的定量指标。王进富等（2013）定义产学研协同创新系统协同度是指企业、学研等系统主体在合作过程中相互作用的一致性程度，其体现了企业和学研合作的状况及变化趋势。王婉娟和危怀安（2014）认为，协同度是对创新系统内部要素在相互作用过程中和谐一致的度量，可以用协同强度（用合作项目数度量）、协同久度（用合作时间跨度测量）、协同规模（参与协同的伙伴数）、协同满意度（协同主体竞争力提升幅度和合作过程的愉悦程度）来衡量。吴笑等（2015）认为，各创新要素在协同演化过程中产生彼此和谐一致的特征就是协同性，协同度就是对其协同性程度的度量。蒋伏心等（2015）将产学研协同创新协同度定义为产业、高校、科研院所三个子系统发展演化过程中彼此和谐一致的程度，其决定了产学研协同创新复合系统由无序走向有序的趋势及程度。

协同度可以外化为广度和深度两个维度，广度是指产学研主体间横向合作行为发生的频繁程度，深度是指产学研主体合作关系的持续性和制度化。与协同度相似的概念有"耦合度"。耦合是物理学上的概念，指两个或两个以上系统之间相互作用、相互影响，实现协调共生的动态关联关系（徐晔等，2015）。耦合度是测量若干个系统间的相互依赖程度；协同度则计算系统间同步发展、互促共进的和谐程度（张怡梦和尚虎平，2018）。

已有诸多学者运用复合系统协同度解释复杂系统间的相互关系。如李虹和张希源（2016）通过测算科技创新与生态环境复合系统协同度，实证分析了政府环境规制、科技创新支持和市场竞争程度对区域生态创新协同度具有积极推动作用；王兆君和任兴旺（2019）构建农业产业集群化与城镇化复合系统协同度模型，并实证分析了协同度对区域农业经济发展带来的促进作用。朱磊等（2018）在测算区域人口—产业—资源协同度的基础上实证分析了人业资协同发展对减贫具有显著正向影响。卞元超等（2015）测算了产学研协同创新系统协同度与企业技术进步的关系，发现协同度对企业技术进步不显著。

常见的产学研合作的模式主要有：委托开发、联合开发、聘任科研人员到企业协助研发、合作共建（共建研发机构、共建经济实体、共建人才培养基地）、建立技术创新联盟。经济合作与发展组织（OECD）曾在报告中，按照合作关系的紧密程度将产学研合作模式分为一般性研究支持、非正式合作研究、创新研发联盟、契约型研究、知识转移和训练计划、政府资助的研究项目、公共研究中心七类（黄青，2016）。不同的产学研协同创新模型，产学研之间的协同程度也不一样。

现有文献关于协同度的研究既有基于创新主体内部的协同度研究，也有基于创新主体之间的协同程度的研究。综合对协同度相关文献的理解，本书将区域产学研协同度定义为区域创新系统中，企业、高校、科研院所等核心创新主体，在政府、金融机构、科技中介服务组织等辅助创新主体的支持下，将拥有的异质性创新要素在区域内集聚、整合、协同以推进科技进步和创新的基本能力，产学研协同程度高低可以反映协同创新系统机制运行的好坏，通过构建由企业子系统、学研机构子系统、协同效应子系统等有机组成的复合系统协同度模型可以衡量区域产学研协同程度。

二、国内外研究现状

协同创新研究遵循如下演化路径：20 世纪 70 年代，协同理论的创建和完善；80 年代，协同学和创新理念的融合；90 年代，微观企业层面协同创新的兴起，逐步延伸到中宏观层面区域的协同创新。

（一）国内研究现状

本书通过 CiteSpace 文献计量分析方法梳理我国的协同创新研究现状，分析国内协同创新的研究趋势和热点前沿等，在此基础上进行归纳、总结和评述。

2011 年，国家层面首次正式提出协同创新概念，强调通过体制机制创新和政策项目引导，鼓励学研机构与企业开展深度合作，建立协同创新战略联盟，促进资源共享，联合开展重大科研项目攻关。党的十八届三中全会通过的《中共中央关于全面深化改革若干重大问题的决定》中明确提出要建立产学研协同创新机制。党的十九大报告中习近平总书记指出，要深化科技体制改革，建立以企业为主体、市场为导向、产学研深度融合的技术创新体系，突出强调要提升产学研的协同深度，为产学研合作指明了进一步的发展方向。协同创新成为当今科技发展和社会进步的重要特征，有关协同创新的创新实践和学术研究均呈如火如荼的发展态势。

2011 年成为协同创新研究领域的一个重要节点，本书以此为起点，以南京大学中文社会科学研究评价中心数据库（CSSCI）为数据来源，以协同创新为主题，以 2011～2019 年为区间收集了 1196 篇相关论文，用 CiteSpace 引文空间分析法对其文献分布、研究进展和研究热点等进行文献计量分析，总结概括出我国协同创新领域近年来的研究进展和研究热点，快速识别该领域的经典文献，辅助科学研究活动中的文献综述，追踪该领域的研究前沿。

1. 研究方法与数据来源

CiteSpace 是在文献计量学、数据可视化背景下逐渐发展起来的一款引文可视化分析软件。CiteSpace 通过可视化手段呈现科学知识的结构、规律和分布情况，可以用来识别和展现科学领域的研究热点和研究趋势，重要学者的科学产出和学术影响，高产机构的科学贡献及学术影响，直观简易明了地可视化显示出来，为科研人员跟踪前沿，寻找科学问题提供便利的辅助工具，为进入某领域的新人提供快速了解该领域知识及前沿的便捷途径（陈悦和陈超美，2014）。

鉴于 CSSCI 是我国社会科学引文索引领域的权威数据库，以"协同创新"为主题检索到的文献多为协同创新领域备受关注的核心文献，因此，本书数据采集于 CSSCI 数据库，以"协同创新"为主题词，以 2011～2019 年为时间节点，共检索到包括论文，综述等各类文献 1196 篇，文献按年份分布如图 2.1 所示，国家自 2011 年启动计划以来，相关文献呈井喷增长态势，2015 年达到顶峰。

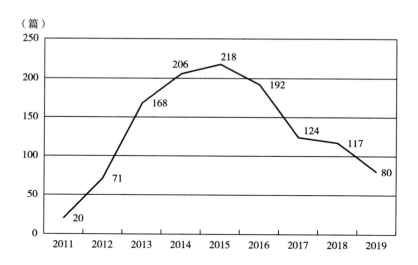

图 2.1　2011～2019 年协同创新研究发表文献数量

通过利用 CiteSpace 软件对收集的数据进行高影响力作者分析、关键词共现分析、关键节点引文分析及作者、研究机构共被引分析，并绘制相应图谱，以此识别协同创新研究领域的研究趋势和研究热点，发现该研究领域的重要核心人物及关键节点文献，探寻该研究领域的演化路径（严红等，2019）。

2. 协同创新领域的研究进展、热点与前沿分析

我们首先将下载的相关数据资料在 CiteSpace 软件中用 input/output 命令转换成可识别可分析的格式，然后将转换后的数据导入，依次对 CSSCI 数据库数据进行作者、关键词、文献共被引和期刊共被引的分析。

（1）高影响力作者分析。通过分别设定作者（author）和被引作者（cited author）选项，运行得到相关报告，根据发文量和被引频次可以从数量和质量两方面反映高影响力作者的科研水平和学术影响力。

首先将 Time Slicing 设定为 2011～2019 年，Node Types 选择 author，其他参数采用默认值，运行 CiteSpace 软件，得出高产作者分布。表 2.1 列出了前 12 位高产作者，其中以"协同创新"为主题发文量最多的是湖南大

学工商管理学院李林，共 13 篇。李林等（2013，2015，2017）建立并实证研究了区域协同创新评价指标体系，对合作主体的协同创新绩效评价、利益分配、风险分担等进行了系统研究；解学梅等（2010，2013，2015）主要研究协同创新网络、模式、文化等与协同效应、创新绩效之间的相互关系，以及都市圈协同创新机理；吴笑等（2015）建立了协同创新主体协同度测度的指标体系，研究了协同创新文化冲突的影响因素和知识协同；王海军等（2016）提出采用模糊协同评价方法对战略性模块供应商的协同性进行评价；吴卫红等（2018）重点研究创新资源集聚的空间溢出效应；毕颖和明炬（2015）借鉴飞机动力模型研究了基于教育、研发、创新知识三角的跨学科研究组织协同创新动力机制模型；邹晓东等（2015）借鉴大学功能观、知识创新理论等研究如何发挥大学在区域创新生态系统建设中的作用，实现大学创新能力与区域创新能力协同发展；唐震等（2015）研究欧洲创新工学院的平台结构和协同路径，在此基础上对我国"2011 计划"协同创新中心的构建提出具体建议。陈劲和阳银娟将协同创新定义为以知识增值为核心，以企业、高校、科研院所、政府等为创新主体的价值创造过程，该定义得到了协同创新研究领域学者的广泛认同，奠定了协同创新的理论基础。协同创新研究学者呈相对独立状态，各学者之间联系较少，仅形成了以李林为核心、以吴卫红为核心的研究合作子网络，但网络中的合作者均仅限于学校的内部合作，跨区域跨机构跨学科的协作研究相对较少。

表 2.1　2011～2019 年高产作者分布　　　　　　　　　　单位：篇

发文数量	高产作者	所属机构	学科	部分代表作
13	李林	湖南大学工商管理学院	管理学	李林和杨泽寰（2013）、刘志华等（2014）
11	解学梅	上海大学管理学院	经济学	解学梅（2011，2015）
10	顾新	四川大学商学院	经济学	徐振洲和顾新（2013）、吴笑等（2015）

续表

发文数量	高产作者	所属机构	学科	部分代表作
10	王海军	沈阳工业大学管理学院	管理学	王海军等（2016）
8	丁荣贵	山东大学管理学院	管理学	
6	吴卫红	北京化工大学经济管理学院	经济学	
6	张爱美	北京化工大学经济管理学院	经济学	
5	方炜	西北工业大学管理学院	管理学	
5	毕颖	大连理工大学高等教育研究中心	教育学	毕颖和明炬（2015）
5	邹晓东	浙江大学科教发展战略研究中心	教育学	邹晓东（2015）
5	唐震	河海大学	管理学	唐震等（2015）
5	危怀安	华中科技大学公共管理学院	管理学	

其中，最近两年发文量最多的是北京化工大学经济管理学院的吴卫红教授团队，在 CSSCI 期刊发表"协同创新"主题学术论文 6 篇，重点研究创新资源集聚的空间溢出效应研究；西北工业大学管理学院方炜发表相关学术论文 5 篇，重点研究协同创新网络演化机制；其次是华南理工大学工商管理学院朱桂龙教授发表相关学术论文 4 篇，侧重产学研合作创新理论与政策研究，及同为华南理工大学工商管理学院的许治，侧重研究政府政策对产学研合作创新的影响。

Node Types 选择 cited author，其他参数采用默认值，运行 CiteSpace 软件，得出高被引作者分布，部分高被引作者如表 2.2 所示。其中，我国协同创新研究领域被引频次最高的是陈劲和阳银娟合著的《协同创新的理论基础与内涵》，在整个网络中具有明显的桥梁和核心作用。陈劲现为清华大学经济管理学院教授、教育部人文社会科学重点研究基地——清华大学技术创新研究中心主任，国家杰出青年基金和国家百千万人才工程获得者，兼任中国工程院教育委员会委员、教育部科技管理学部委员，长期从事技术创新的管理与政策研究，奠定了协同创新的理论基础，对我国创新管理研究领域产生了持续深远的影响。何郁冰在《产学研协同创新的理论模式》中提出战略—知识—组织三重互动的产学研协同创新模式。知识图谱还显示被引作者中介中心性最高的国内学者是解学梅。解学梅现为上海大学管理学院教授，长期从事技术创新管理、协同创新、集群创新管理等研究，其通过对中小型制造业企业的问卷调查，实证分析了不同协同创新网络对创新绩效的影响，并探讨了知识吸收能力在其中的中介效应。

表 2.2　部分高被引作者代表作

被引次数（次）	作者	初现年份	代表作
291	陈劲、阳银娟	2012	陈劲．协同创新的理论基础与内涵［J］．科学学研究，2012（2）
145	何郁冰	2012	何郁冰．产学研协同创新的理论模式［J］．科学学研究，2011（2）
141	解学梅	2012	解学梅．创新集群跨区域协同创新网络研究述评［J］．研究与发展管理，2009，21（1） 解学梅．中小企业协同创新网络与创新绩效的实证研究［J］．管理科学学报，2010（8）
48	张力	2012	张力．产学研协同创新的战略意义和政策走向［J］．教育研究，2011（7）
35	白俊红等	2012	白俊红，江可申，李婧．应用随机前沿模型评测中国区域研发创新效率［J］．管理世界，2009（10）

　　（2）关键词分析。关键词分析可以表明文献的研究主题，出现频率或中介中心度较高的关键词代表研究者在一段时间内共同关注的问题，即研究热点（罗晓梅等，2015）。Node Types 选择 keyword，运行 CiteSpace，绘制高频关键词共线网络知识图谱。由于我们是以协同创新为主题进行检索的数据，为放大来清晰呈现主要关键词，所以隐去"协同创新"这个最大关键词，结果如表 2.3 所示。运行结果显示：节点数 = 597，连线数 E = 1182，密度 Density = 0.008，从关键词共现网络图谱可知，关键词"协同创新"的共现频次最高，为 780 次，中心性也高。产学研、产学研协同创新、高校、高等教育、协同创新网络、创新绩效、产业集群、"2011 计

划"、影响因素、战略性新兴产业、协同创新中心、演化博弈、军民融合等是协同创新研究领域里的热点。产学研协同创新是协同创新的主要模式，而高校在协同创新研究领域中的中介作用和地位日益突出。自 2011 年实施"2011 计划"以来，高校作为协同创新的重要主体，成了研究的主要热点。正如 Etzkowita 所著的《三重螺旋》指出为经济和社会发展服务是大学除了教学和研究之外的"第三使命"（the Third Mission）（周春彦，2006），高校在产学研协同创新中大有可为、大有作为。同时围绕协同创新网络和创新绩效的研究在 2018～2019 年之前出现了跃迁，超越了产学研合作、产业集群等方面的研究。

表 2.3　关键词的中介中心度和频次排名

关键词	初现年份	频次	中心性	关键词	初现年份	频次	中心性
协同创新	2011	780	0.59	2011 计划	2012	23	0.06
产学研	2011	58	0.15	战略性新兴产业	2013	19	0.02
产学研协同创新	2012	51	0.12	演化博弈	2014	18	0.03
高校	2012	39	0.05	协同创新中心	2013	18	0.02
高等教育	2011	37	0.08	军民融合	2015	18	0.02
协同创新网络	2011	32	0.08	京津冀	2015	17	0.02
创新绩效	2013	30	0.06	技术创新	2011	16	0.05
产学研合作	2012	28	0.05	协同创新模式	2014	16	0.04
产业集群	2011	27	0.03	区域协同创新	2012	16	0.03
影响因素	2012	23	0.08	协同创新能力	2014	15	0.02

关注散落关键词共现图谱的边缘点，可以揭示协同创新领域的研究前沿（罗晓梅和黄鲁成，2014），其中包括协同创新行为实证研究、协同创新绩效、激励机制、管理体制、三重螺旋理论、技术联盟、知识协同创新等，表明这些研究领域是协同创新的研究前沿和发展趋势。进一步通过高频关键词突现性分析，如图 2.2 可知高等教育、技术创新突现性最高。进入 21 世纪，创新驱动发展日益成为经济转型升级的主要战略，技术创新

是创新驱动的主攻方向，知识创新发源地的高等教育承载着技术创新的重要使命，尤其自 2011 年"协同创新"计划启动以来，高校作为协同创新中心的主导者，逐步成为协同创新的主体，相关的研究倍增，之后呈稳定增长态势，高等教育突现性最强，与政策热点时间区间基本一致。

Top 2 Keywords with the Strongest Citation Bursts

Keywords	Year	Strength	Begin	End	2011~2017
高等教育	2011	10.8126	2011	2013	
技术创新	2011	2.5958	2011	2012	

图 2. 2　高频关键词突现性分析

（3）引文分析。CiteSpace 软件可以对 CSSCI 文献索引数据库的文献进行共被引分析，即对协同创新研究领域的关键节点文献进行研究。通过梳理协同创新研究领域的关键节点文献，可以识别所研究领域的理论演化路径。Node Types 选择 cited references，运行软件可得到文献共被引网络可视化图谱，结果显示节点数 N = 408，连线数 E = 1060，密度 Density = 0.0128，表明该领域知识点之间低关联，聚集度不高。

在 CiteSpace 生成的文献共引知识图谱中，选出被引频次排前十的 10 篇关键节点文献，集合成协同创新研究领域的经典文献，如表 2.4 所示，从中可以梳理协同创新的理论演化路径。

范太胜（2008）解释了产业集群创新网络的集体学习机制是产业集群创新网络实现动态持续创新的主要途径，分析了协同创新机制如何提升创新网络的创新绩效。解学梅（2010）实证分析了企业—企业、企业—研究机构、企业—政府等不同的协同创新网络和企业创新绩效的关系。张力（2011）提出了健全政府引导调控下的协同创新驱动机制。李忠云和邓秀新（2011）从领军人物选配、利益公平共享、创新文化氛围营造、建立柔性无边界组织四方面探究高校如何推进协同创新。熊励等（2011）从内部协同创新和外部协同创新两个维度，对 2010 年以前协同创新研究进行理论脉络综述，为后续研究者奠定了该领域的研究理论基础。何郁冰（2012）提出战略—知识—组织三位一体的协同创新模式，构建了产学研协同创新的理论框架。吴悦和顾新（2012）构建了产学研协同创新的知识协同过程模型，从外部环境、协同意愿、合作模式、知识差异四个方面建立影响因素作用的框架模型。李祖超和梁春晓（2012）分析了高校主导的协同创新动力机制和实现形式，并提出了完善高校主导的协同创新的具体对策。陈劲和阳银娟（2015）从整合维度和互动强度两个维度探索构建协同创新的框架，得到业界的广泛认可。刘丹和闫长东（2013）分析了复杂网络环境下协同创新的系统构造和运行机理，指出系统的健康发展取决于两个关键要素：政府主导与自主安排，以及自组织的协同机制。文献共引分析表明，高被引文献主要围绕协同创新网络展开，从宏观走向微观，从关注企业间协同到发展为政产学研用的协同创新，研究向纵深发展，从规范分析逐步发展为实证分析，协同学相关理论在该领域得到了广泛的应用。

表 2.4　高被引文献列表

年份	被引频次	作者	被引文献	来源	中心性
2008	14	范太胜	基于产业集群创新网络的协同创新机制研究	中国科技论坛	0.03
2010	39	解学梅	中小企业协同创新网络与创新绩效的实证研究	管理科学学报	0.09
2011	45	张力	产学研协同创新的战略意义和政策走向	教育研究	0.05
2011	21	李忠云	高校协同创新的困境、路径及政策意义	中国高等教育	
2011	18	熊励	协同创新研究综述——基于实现途径视角	科技管理研究	0.01
2012	167	陈劲	协同创新的理论基础与内涵	科学学研究	0.08

续表

年份	被引频次	作者	被引文献	来源	中心性
2012	112	何郁冰	产学研协同创新的理论模式	科学学研究	0.1
2012	23	吴悦	产学研协同创新的知识协同过程研究	中国科技论坛	0.05
2012	18	李祖超	协同创新运行机制探析——基于高校创新主体的视角	中国高教研究	
2013	18	刘丹	协同创新网络结构与机理研究	管理世界	0.05

关键节点文献是该领域中提出重大理论或创新概念的文献，也是最容易引起新的研究前沿热点的文献。中介中心性是测度节点在网络中重要性的一个指标，CiteSpace 中用紫色圈对该类文献（或作者、期刊以及机构等）进行重点标注。通过运行软件，发现陈劲和阳银娟（2012）、何郁冰（2012）、解学梅（2010）的中介中心性最高，是该研究领域的重要代表性文献。进一步对文献原文进行阅读发现，或是侧重强调企业内的协同创新，如技术与组织、文化的协同创新（张钢等，1997），技术与市场、管理的协同创新（饶扬德，2008）；或是企业间的协同创新，如企业战略联盟企业的协同创新、集群企业与群外环境的创新协同（李长萍等，2017）；解学梅（2010）则强调不同主体的协同创新网络与创新绩效的关系，对异质主体间的协同创新研究起到重大的推动作用。

通过执行 citation/Frequency burst history 命令，可以识别 4 篇突现性被引文献，进一步对原文阅读，陈晓红和解海涛（2006）首次将中小企业、高校及科研机构、政府、社会服务体系纳入创新体系中，建立中小企业技术创新"四主体动态模型"，并分析其运行机制。叶仕满（2012）提出了协同创新是高校提升创新能力的战略性选择。突现性表明多主体的开放式的协同创新研究成为研究热点，进一步验证了研究趋势与国家政策导向的一致性。

进一步地，执行 Timeline view，对被引文献聚类，同时将同一聚类的节点按照时间顺序排列在同一水平线上，发现陈劲和王方瑞（2005）在

《突破全面创新：技术和市场协同创新管理研究》一文中最早提出协同创新，指出技术和市场的协同创新是解决企业全面创新管理问题的突破口和关键所在，从可操作层面引导企业从技术和市场协同创新管理走向全面创新管理；政产学研用聚类一直处在非常活跃的状态，该聚类的标志性文献源于陈劲、何郁冰、熊励、李忠云、张力、范太胜等，他们从协同创新的概念、协同创新理论模式、协同创新机制等方面对政产学研用协同创新进行了系统分析；绩效评价是协同创新研究领域的热点和前沿，解学梅、王婉娟等围绕着协同创新绩效做了深入的研究。

（4）期刊共被引分析。期刊共被引是指两种期刊的文献同时被引用，可以用以确定某一学科领域的核心期刊。通过选择节点类型为 cited journal，运行软件可得期刊共引知识图谱，表明《科学学研究》、《科技进步与对策》等期刊相似度高，关联性强，是协同创新领域公认的主要期刊，其中，《科学学研究》是近年来协同创新研究领域国内被引频次最高的期刊，跟踪这些权威期刊中关于协同创新的研究动态，为追踪研究热点和研究前沿等提供有益参考。

（5）通过科学知识图谱可视分析技术对我国协同创新研究领域的高被引作者、高被引文献和高被引期刊等进行分析，研究结果显示：

1）产学研协同创新、高校、产业集群、协同创新网络、"2011 计划"、创新绩效、影响因素、战略性新兴产业、协同创新模式等是研究热点，协同创新行为实证研究、协同创新绩效、激励机制、管理体制等是该领域的前沿问题。

2）当前研究热点多停留在理论研究阶段，实证分析侧重创新主体内部的微观实证分析，研究微观主体协同创新绩效的提升路径，忽视了将产学研协同纳入区域框架下对整体区域创新绩效的影响。

3）现有文献大多利用协同理念从理论上分析产学研协同创新系统的构建，但对协同度影响因素的研究较为少见。此外，对协同创新机理探讨得多，但对产学研协同与区域创新绩效的关系分析相对欠缺。

因此，将产学研协同纳入区域创新系统研究框架内，分析产学研协同前因后果，挖掘不同创新主体协同性提升的外部环境因素，为相关部门政策制定提供指导依据具有较高的学术价值。

（二）国外研究现状

20 世纪 70 年代，国外关于产学研协同创新研究热情曾一度高涨，随着知识经济时代科技创新活动日趋复杂，人们对合作创新的需求日益增加，对协同创新的研究再度受到重视。国外协同创新研究主要聚焦于协同创新的内涵、动因、影响因素以及协同创新模式。

1. 产学研协同创新的内涵、动因和模式

Aokimasahi 和 Harayama（2002）给产学研合作定义为产业和大学通过相互作用，互相影响从而提升各自发展潜能和发展水平的合作过程。美国学者 Chesbrough（2005）在研究企业整合内外部创新要素目的时认为，当前知识创造和扩散以及人才的生产与流动已经达到了一个前所未有的速度，在这种情况下，企业应在创新模式上更为开放，与大学等建立广泛的合作关系，并提出"开放创新"概念。在开放式创新背景下单个企业的创新模式逐步演变为协同创新，探索式和开发式模式成为其重大突破点。Gloor（2005）强调协同创新的本质是企业与政府、学研机构、中介组织和用户等不同的合作伙伴，为实现创新增值而开展的一种跨界整合，其协同度较高，在创新过程中追求更高的经济和社会效益，企业可以利用协同创新网络进行新产品的研发、客户关系的维护、项目建立的管理等工作，并指出协同创新网络是企业发展的引擎。Serrano（2007）强调在创新的过程中运用协同思想，即企业、学研机构、政府等创新主体通过沟通、协调、合作、协同将思想、知识、信息、技术和机会进行跨界共享，达到质变效率和创造价值的目的。

驱动协同创新的主要动因主要归纳为获取外部异质性资源、降低交易成本、提高创新主体的综合绩效等。Cohen 和 Levinthal（1990）最早指出外部知识的积累要求企业突破原有单个企业的创新，进行合作创新，不断积累知识和经验，提高创新能力。*The Board of Trade of Metropolitan Montreal and Léger Marketing*（2010）调查报告指出获得高级人才和专业知识，促进企业创新竞争力提升是企业参与协同创新的主要动机。而科研工作者参与协同创新的主要动机源于了解外部学术研究领域的最新动态，检验科研成果的实践运用价值（Abreau et al.，2009）。Mowery（1998）实证研究发现企业从外部科研机构或高校购买技术或签订研发外包合同比自身内部开发新工艺或新产品更节省成本。

协同创新的模式主要包括技术转让和专利许可、科研外包、研究人员互派、共建研究中心等类型。Heller 和 Eisenberg（1998）认为，专利许可能有效降低交易成本，整合互补性资源，提高创新效率。Oke 和 Kach（2012）认为，研发外包有助于获得多元化的创新知识，提高产品的研发效率。

2. 产学研协同性的测度

对于产学研协同性的测度，Koberg 等（2003）通过问卷调查进行实证研究，并运用五分法对企业内部跨部门的协同机制进行测度。Nadler 和 Trushman（1992）从人—正式组织、人—关键任务、人—文化、关键任务—正式组织、关键任务—文化、正式组织—文化六个维度研究了组织要素之间的协同程度。Philbin（2008）从输入机制和输出机制两个维度，构建投入产出要素矩阵对产学研协同性进行评价。

3. 产学研协同性形成的影响机理

影响机理：主要从知识的异质性、外部环境、政府的支持力度和支持方式、创新主体特点等角度分析了促进产学研协同性的影响因素。

（1）创新主体间的信任和互动关系对产学研协同性产生的影响。Bstiele（2015）研究了产学研协同创新模式中各个组织间的信任关系是随着时间的推移而逐步增强，研究发现关系成熟度正向影响产学研之间的协同性。Blomqvist 和 Kevy（2017）研究认为创新主体之间基于彼此的信任、相互的沟通、互相连通的协作能力决定了产学研协同的成效。

（2）外部环境对产学研协同性的影响。Powell 等（1996）认为跨组织协同创新过程中，地理位置、科研联盟等因素对协同创新网络具有重要影响。Aris（2003）发现产业集聚程度越高，区域产学研之间的合作越密切。Fontana（2006）研究影响中小企业与科研机构之间合作的因素，认为企业的市场需求影响企业与学研机构的合作倾向，企业的开放程度影响产学研合作项目的顺利发展。

（3）政府支持力度和支持方式对产学研协同性的影响。Alecke 等（2012）研究结果表明，政府通过给予财政补贴可以提高企业的研发强度，进而提升开展协同创新的积极性，提高专利申请率。Brostrom（2011）认为，政府在创新主体资源共享过程中起到了制定规则、监督过程的作用，促进了不同主体间的协同。

（4）创新主体差异性对产学研协同性的影响。Koschatzky 和 Stembeng（2000）认为，合作伙伴的规模、类型、研发强度影响产学研合作意愿，高技术企业更倾向于通过产学研合作获取所需知识和技术。Becker 和 Dietz（2004）研究发现通过产学研合作能有效地弥补企业创新资源的不足，提高其研发意愿和研发强度，促进创新性产出的增加。Beers 和 Zand（2014）研究发现创新主体的差异性促进了产学研之间的协同。

4. 国外研究现状评述

（1）侧重微观创新个体的产学研协同行为的动机、影响机制、协同模式等方面的研究，对产学研之间的协同性的测量研究相对比较欠缺。

（2）在协同创新影响机理方面，侧重从知识的互补性、组织的信任与沟通、市场需求导向等方面研究产学研协同性的影响机理，缺少将产学研协同创新纳入区域创新体系，从宏观层面将外部环境作为产学研协同创新复合系统的重要的组成部分统一进行研究。

（3）侧重产学研协同行为绩效的研究，产学研协同创新仅作为区域创新体系的具体创新模式之一，缺少关于产学研协同创新与区域创新绩效间关系的研究。

综合国内外研究现状和不足，本书主要对产学研协同度的评价和影响机理进行研究，构建产学研协同创新复合系统协同度评价模型，准确度量产学研之间的协同性，分析产学研协同度的影响因素，以及产学研协同度与区域创新绩效的关系，并提出优化产学研协同、促进区域创新绩效提升的对策，丰富区域创新理论和产学研协同创新的研究内容。

三、相关理论基础

（一）系统论

系统论由美籍奥地利生物学家贝塔朗菲创立，他指出系统论中的系统是由若干相互联系、相互作用的要素组成的具有特定功能结构的有机整体。系统论基本思想概括为：一是把研究或处理的对象看作是一个统一的有机整体，即从整体的角度来考虑和研究问题；二是强调各子系统之间的相互联系、相互作用，以及系统与外界环境之间的相互联系、相互制约。

1. 系统特性

（1）整体性和层次性。整体性是系统最本质、最基本的特性，体现在系统不同于各要素的简单相加，而是通过各要素的有机结合，表现出各个单独要素不具备的新特质和功能，呈现"整体大于各部分之和"。层次性表现为系统是由具有不同作用、功能和地位的子系统有机构成的有序等级结构。

（2）联系性和动态性。系统诸要素只有相互依存、相互联系、相互作用，才能实现系统的整体功能。系统内部又无时无刻不存在矛盾，矛盾会不断推动系统演化发展，因而呈现动态性，所以要用动态的、发展的、联系的眼光去把握系统整体，动态协调各因素之间的关系，完善系统功能和结构。

（3）开放性和环境适应性。系统与外界环境之间也是相互联系的，只有开放，与外界环境进行信息、物质和能量的交换，才能更好地实现系统的整体功能，提高对环境的适应性，才能使系统向最优化方向发展。

2. 理论启示

（1）协同创新是一个复杂的、开放的系统，主要由学研机构、企业、政府、金融机构、中介等组织构成，其中知识创造主体的学研机构和知识应用主体的企业子系统构成核心子系统，同时又受到政府、金融、中介等创新环境构成的辅助系统的影响，相互协同演进。

（2）协同创新系统具有一定的层次性。国家创新系统是宏观层面的，区域创新系统是中观层面的，企业创新系统是微观层面的，区域创新系统在其中发挥起承转合的作用，目的就是要把这些不同层面的创新网络整合优化，形成协同效应，使整体大于各部分之和。因此，本书研究的产学研协同创新是以一定的区域为载体构成的区域产学研协同创新复合系统。

（二）协同论

协同论是研究系统由无序状态向有序状态演化的结构状态。哈肯（1971）提出了协同学观点，将协同学定义为研究一个由大量子系统以复杂方式相互作用所构成的复合系统，在一定条件下，子系统间通过非线性作用产生协同现象和协同效应，使系统形成一定功能的时空的自组织结构，即开放系统如何通过内部协同与外界交换物质及能量，形成自发的有序结构。协同理论描述系统通过协同运作从无序状态达到有序状态、从低级有序向高级有序演化的共同规律，具有较强的普适性，它将系统的有序称为"自组织"，不同聚集状态之间的转变过程称为"相变"，子系统间的随机波动而导致系统宏观量的瞬时值偏离平均值的现象称为"涨落"；把影响系统有序的关键因素称为序参量，非关键因素称为控制参量，内在因素（序参量）和外界环境因素（控制参量）都是系统自组织的必要条件，系统在两者的共同作用下实现自组织过程。如图2.3所示。

协同论的主要思想可以概括为三个方面：一是协同效应，指任何系统都存在协同作用，当在外部能量作用下或物质聚集状态达到某临界值时，子系统间就会产生协同作用，使系统在临界点发生质变形成协同效应，在

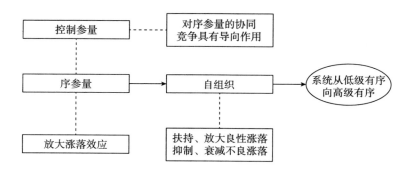

图2.3　系统由无序向有序演变过程

混沌中产生某种稳定结构，即各子系统之间通过协同互动作用产生的超过各要素单独作用的整体效应，实现"1＋1＞2"的效果。二是支配原理，指系统演变过程要接受外界的干预作用，起着干预作用的关键因素就是序参量，它们对抑制或促进系统的运作起支配作用，重点是要怎样发现起决定作用的序参量。三是自组织原理，指在没有外部指令的条件下，复杂系统在外部物质、能量和信息输入和交流过程中，系统内部的各子系统之间能够按照自有的规律，依据某种规则自动形成一定功能或内部有序的结构，呈现自组织和内在性特点，无须外部指令控制，即系统通过大量子系统之间的协同作用而形成特定的演化方式，组成新的时间、空间或功能结构，逐渐从混沌无序走向有序、由低级有序向高级有序转化，自组织原理是协同理论的核心（Burg et al.，2014）。

理论启示：①协同创新是指系统中与创新相关的要素有机配合，通过复杂的非线性相互作用，产生单要素无法实现的整体协同效应过程。②协同论现已广泛应用于协同创新的管理中，以研究各创新主体间的相互关系。

（三）创新理论

创新理论最早由奥地利经济学家约瑟夫·熊彼特于1912年在《经济发展概论》中提出，创新有开发新产品、采用新方法、开辟新市场、寻找新原材料和新的组织方式五种形式。创新理论包括演化和产业经济学、集成创新理论、创新社会学和新增长理论。

弗里曼在研究日本的技术政策和经济绩效时发现"国家创新系统"，并首次提出国家创新系统是公私部门之间的机构网络，经济发展不仅受技术创新影响，更受到制度创新和组织创新的影响。即使在一个主权国家内，不同区域存在着巨大的差异，导致经济发展也不一样。

库克于1996年提出了区域创新体系的概念，认为区域创新体系是由在地理上相互分工与关联的生产企业、研究机构和高等教育机构等构成的区域性组织系统，其具有区域性、根植性、系统性、开放性及动态性五大特征。区域性表现为区域的地理边界和环境是区域创新系统的重要影响因素；根植性体现为区域创新水平主要依附于当地社会环境、政治制度、经济状况、科技实力等，使区域创新协同性呈现很大的差异；系统性体现在是由企业、高校、科研机构、政府、金融和中介机构构成的有机整体；开放性表现为需要与外界不断地进行物质、信息、能量等的交换，实时动态调整，处在不断运动、发展、变化的过程中。

理论启示：产学研协同创新是区域创新的主要表现形式，是为了共同研发投入各自优势资源而形成的合作契约安排，因此，同样具有区域性、根植性、系统性、开放性和动态性特征。

（四）三重螺旋理论

三重螺旋源自生物学中概念，指基因、组织和环境之间互为因果，像螺旋一样缠绕在一起，后来这一概念被美国社会学家亨利·埃茨科威兹移植到社会学领域中。1995年，雷德斯多夫和埃茨科威兹共同提出"大学—产业—政府"关系的三重螺旋创新模型，用以解释大学、企业和政府三者间的新关系，强调产学合作是大学除了教学和研究之外的"第三使命"，大学、产业、政府三方在发挥各自独特作用的同时加强了多重互动，是提高协同创新系统整体绩效的重要条件。该理论特别关注知识在创新中的重要作用和现代知识生产机构——大学在实现区域产业升级改造和创造新产业方面的贡献，在解释大学、企业和政府间的复杂互动和交互影响以及创新的动力机制方面存在优势，对创新实践有着深刻的洞见力（范柏乃和余钧，2014）。

三重螺旋模型利用一个螺旋形的创新模型，描述了在知识商品化的不同阶段，不同创新机构之间的多重互反关系，大学—产业—政府三重螺旋相互作用机制是社会创新的主要组织机制。经济社会中大学、产业和政府三者之间的互动、交叉、重叠的联动联合螺旋构成知识经济的发展基础和动力源泉。在知识经济背景下，三者应当相互协调，以推动知识的生产、转化、应用和升级，使系统在三者相互作用过程中不断提升。该理论已写入联合国千年计划"科学、技术和创新"专题组中期报告，成为联合国指导发展中国家利用科技创新来推动国家发展的一种导向性意见。亨利·埃茨科威兹被誉为"三螺旋之父"。而后在此基础上发展的四螺旋、N 螺旋理论本质都是在学研与企业互动的基础上加入政府、金融机构等其他外部主体组成的互为影响、互为作用的有机整体。

理论启示：三重螺旋理论是在 20 世纪 90 年代中后期开始流行的创新结构理论，描述政产学三方在创新过程中密切合作、相互作用但又相对独立的创新模式。它不仅强调知识是经济增长的要素，而且认为政产学三者都可以是创新的发动者和组织者，彼此相互独立又相互作用，共同形成动态三重螺旋，推动经济的可持续增长。

大学是知识创新的主体，产业是技术创新的主体，政府是制度创新的主体。大学不仅承担教育培养学生和从事科学研究的任务，同时也承担着知识应用化的重任，通过与产业合作或者下设子产业直接将理论知识投入到实际生产，使大学在经济社会发展中的作用大大提升。企业在生产产品、开拓市场的同时注重对人的教育，通过各种形式的讲座和培训来提高员工的相关技能和综合素质，在一定程度上起到大学教育的作用。政府也不再仅满足于充当市场调节者，而是积极推动知识生产与知识转移。在现代开放式的创新体系中，高校、企业、政府三方在发挥各自独特作用时产生的多重互动效应，被认为是提高一个国家或地区整体创新绩效的重要方式。

（五）共生理论

共生理论是指在一定的共生环境中，各共生单元按照某种模式相互联系、相互作用而形成的一种协同发展进化关系。"共生"诞生于生物学领域，最早由德国生物学家 Anton Debary 于 1879 年提出，指动植物之间为了生存的需要相互利用双方的特性在一定区域内共同生存的现象，主要研究种群间物质交流、信息传递、能量传导、合作共生的关系，之后发展为泛指不同属性的物质间建立起联系，形成的共同生存、相互作用的关系。20世纪 50 年代开始，共生理论开始运用于哲学、社会学、经济学等社会人文学科领域，在经济系统中的应用主要强调区域经济系统间存在着各种各样的物质和信息资源的联系，形成了经济体之间互为影响、互为作用的共生关系。国内学者袁纯清（1998）最早借鉴共生理论构建经济学分析的"共生理论"框架，并指出共生的本质即协同与合作，互利共生。共生系统包括三个基本要素，即共生单元、共生关系、共生环境，在一定条件下各单元主体按照某种模式联系在一起，形成相互联系、共同生存、协同进化的关系。从组织方式上看，共生模式可以分为点共生（在产学研协同创新中表现为技术转让）、间歇共生（委托研究）、连续共生（合作研究）和一体化共生（共建经济体）。从行为方式上，共生模式可以分为寄生、偏利共生、互惠共生。

理论启示：产学研协同创新系统中各主体之间存在类似生物学上的"共生"特征（司尚奇等，2009）。共生单元是最基本的物质、能量、信息生产和交换单位，是共生活动主体，在产学研协同创新系统中就是指企业、学研机构等基本单元。共生关系是存在于共生单元之间的关系，反映共生单元相互作用协同的形式及互动强度，在产学研协同创新系统中体现为主体之间不断地进行知识、资金、信息、技术等资源的交换，表现为不同的产学研合作共生模式。共生环境则体现为共生单元所赖以生存的外部环境，在产学研协同创新系统中则表现为各创新主体创新过程中所依存的经济环境、市场环境、文化环境、政策环境等。据此，产学研协同创新系统是由协同创新主体的个体（点）、创新主体间的关系（线）、创新环境（面）组成的产学研协同共生系统。如图 2.4 所示。

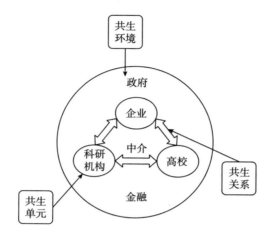

图 2.4　产学研协同共生系统

第三章
国内外产学研协同创新实践比较

　　西方发达国家早在一个世纪前就已开始了协同创新,协同创新在促进科技、经济的结合,助力科技强国的建设过程中发挥着重要作用。我国是1992年才正式启动协同创新。本章着手研究主要发达国家的产学研协同创新实践的主要模式,并和我国的产学研协同创新实践进行比较,借助他山之石,推动我国产学研协同创新理论和实践的发展。

一、中国——中关村模式

　　中关村源于20世纪80年代形成的"中关村电子一条街",是我国第一个国家自主创新示范区,经过40余年的发展,形成了以电子信息、生物医药、新材料、先进制造、新能源、环境保护等产业为主的产业集群。中国在推动以中关村为先导的产学研协同创新模式的主要做法有:

　　创新人员投入和资金投入处于全国领军地位,且保持持续增长态势。北京中关村拥有高等院校41所,科研院所206个(陈金梅和马虎兆,2015)。2018年中关村国家自主创新示范区高新技术企业实现总收入58841.9亿元,增长11.0%,其中技术收入10629.4亿元,增长13.4%。

吸引了大量的高端研发人才和独立研发机构。

创新政策完善丰富。中关村有"1+6"政策体系。"1"是搭建由学研机构、央企、高新技术企业等构成的创新资源服务平台，组建中关村科技创新和产业化促进中心，发挥中关村科教资源和人才集聚优势，推动体制机制创新和改革政策先行先试。"6"是在科技成果处置权和收益权、鼓励创新创业税收试点、股权激励、科研项目经费管理、高新技术企业认定、建设统一监管下的全国性场外交易市场六个方面实施的六项政策。另有"新四条"税收政策，包括高新技术企业认定中文化产业支撑技术等领域范围试点、有限合伙制企业投资企业合伙人企业所得税试点、技术转让企业所得税和企业转增股本个人所得税试点四项政策。《中关村国家自主创新示范区发展规划纲要（2011—2020年）》提出到2020年建成具有全球影响力的科技创新中心和高技术产业基地，现今目标基本实现。

过去，联合开发、委托开发是产学研合作的通行做法，以及非正式的科研人员进驻企业充当顾问，但这属于非正式、非公开、非鼓励的科研合作行为，真正有组织、有计划、可持续、有政策保障地选派科研人员进驻企业协助研发始于2008年广东开展的"省部产学研合作"的"企业科技特派员"计划。科技部于2009年发布《关于做好支持科技人员服务企业工作的通知》，聘任科研人员到企业协助开发变成组织性行为，发展到现在，共建研发机构、共建经济实体、共建人才培养基地、共建技术创新联盟等协同创新模式，协同创新的广度和深度大大提高。

中国产学研协同创新主要有：一是龙头企业牵头组建的产业技术创新联盟；二是高校牵头组成的"创业孵化+校企合作"项目；三是政府的科技计划项目；四是学研机构与地方政府组建的新型研发机构；五是委托研发；六是建立协同创新平台（马守磊等，2016）。

为更加直观地显示近年来中国产学研协同创新发展情况，表3.1梳理了协同创新发展演变历程。

表 3.1　协同创新发展演变历程

时间	文件名	核心内容
1992 年	原经贸委、教育部、中科院联合开始组织实施"产学研联合开发工程"	打开了协同创新大门,通过企业、学研机构之间的合作,解决科技研发与成果转化相脱节难题,使科技成果快速转化为现实生产力
1993 年	《中华人民共和国科学技术进步法》	以法律的形式明确鼓励企业、高校、科研机构开展联合和协作
1999 年	《关于加强技术创新,发展高科技,实现产业化的决定》	鼓励学研机构人员充分发挥人才、技术等方面的优势,与高新技术产业开发区开展深度产学合作,促进科技成果商品化和产业化
2006 年	《国家中长期科学和技术发展规划纲要(2006 - 2020》	提出以建设"企业为主体、产学研结合"的技术创新体系为突破口,建设学研机构紧密围绕企业技术创新需求服务、产学研多种形式结合的新机制,促进产学研之间的结合和资源集成
2008 年	关于推动产业技术创新战略联盟构建的指导意见	要求在高校开展创新创业教育,明确企业、大学、科研机构的战略地位,通过三者之间协同发展提升产业技术创新能力,明确政府作为协调三方协同发展的主导力量
2010 年	《国家中长期教育改革和发展规划纲要(2010 - 2020 年)》	提出要充分发挥高校在国家创新体系中的重要作用,探索高等学校与行业、企业密切合作共建的模式,推进创新资源共享,形成协调合作的有效机制,提高高校服务经济和社会发展的能力
2012 年	教育部高等学校创新能力提升计划(简称"2011计划")实施方案	明确高校在人才培养、学科发展、知识创新能力提升方面的新方向和任务。通过体制机制改革,推动高校内部及其与外部企业,科研院所等创新主体之间创新要素的融合发展,建立协同创新模式,提升高校创新能力,引领国家创新能力的整体提升
2012 年	《关于深化科技体制改革,加快国家创新体系建设的意见》	指出要强化产学研用紧密结合,促进科技资源开放共享,各类创新主体协同合作,提升国家创新整体效能
2012 年	党的十八大	提出实施创新驱动发展战略,加快建设国家创新体系,构建以企业为主体、市场为导向、产学研相结合的技术创新体系

续表

时间	文件名	核心内容
2013 年	党的十八届三中全会	通过了《中共中央关于全面深化改革若干重大问题的决定》，提出深化科技体制改革，建立产学研协同创新机制
2015 年	党的十八届五中全会	确立创新、协调、绿色、开放、共享五大发展理念，创新成为经济新常态下经济社会发展的主驱动力，产学研协同创新是国家创新体系的重要创新模式
2017 年	党的十九大	明确提出实施创新驱动发展战略，构建产学研深度融合的协同创新体系

二、美国——硅谷模式

美国是最早实践产学研合作的国家，其思想萌芽源于 1862 年《莫雷尔法案》的出台（李长萍等，2017）。20 世纪 50 年代，美国斯坦福大学创办世界上首个高校主导的工业园——斯坦福工业园区，率先提出了学术界和产业界结合的产学研技术联盟模式，逐渐演化为影响世界的"硅谷模式"，使产学研创新园区的科研创新和成果转化效率大大提高。美国硅谷形成了以企业、学研机构、行业协会为核心的联合创新网络，其模式的成功给世界各国的技术创新发展指明了新的方向。美国产学研协同创新模式主要有大学科技园、企业孵化器、合作研究中心、契约合作研究、咨询协议、技术入股合作模式、大学衍生企业模式等。

美国产学研协同创新的主要做法有：

（一）完善的法律制度体系为推动产学研协同发展提供制度保障

20世纪80年代，为应对日本制造业的强大攻势，美国政府推出以"技术创新战略"为主要内容的制造业重振计划，出台《贝耶—多尔法案》，也即著名的《拜杜法案》，赋予学研机构对于联邦政府资助的发明创造享有专利申请权和专利权，以此鼓励大学积极展开学术研究，并将实验室的科研成果通过大学和企业之间的紧密合作快速转化为现实产品。《国家合作研究法》、《联邦技术转移法》、《美国经济复苏与再投资法案》、《技术转让商业化法》、《美国发明家保护法令》等，为产学研协同创新提供了强大的法律支撑和政策引导，规范了知识产权的归属、相关主体的利益分配、科技人员的奖励、技术转移的途径等，促进协同创新良好运行（蓝晓霞和刘宝存，2013）。

（二）在减税和资金支持方面加大对产学研协同创新的投入

1950年正式成立的国家科学基金会（NSF），采取政府出资、科学家管理、同行评议分配科研经费的管理模式，主要职能就是对大学与产业的合作进行资助；美国I/UCRC计划（"产业—大学合作研究中心"项目）（跨界配备资源，提供标准和激励）、先进技术计划（对产学研合作项目给予丰厚的资金支持）、先进制造业伙伴计划，为顶尖大学和制造企业搭建开放性合作平台，引导投资、会聚人才，推动科研成果产业化。大学技术管理者协会（AUTM）主要职能是对大学与产业的合作进行协调和评价，通过直接资金扶持国家层面的产学研合作平台对美国产学研合作产生强大的促进作用。另外，政府联合社会资本设立"风险基金"资助可能产生重大突破性技术创新，如投资高风险大的项目，就可保证美国始终保持知识创新、科技创新的领先地位。

（三）构成了形式多样的产学研协同创新模式

美国产学研协同创新模式主要有成立科技工业园区、创设企业孵化器、技术转让或专利许可模式、产学合作研究中心和工程研究中心等。美国高校在重视教学和科研的同时，主动寻求为经济社会发展服务，以"产学研协同"方式服务于美国先进制造业和信息产业，为美国成为世界科技、经济中心起到了重要作用。

三、日本——官产学研模式

"产学研"一词始现于日本通产省于 1981 年发布的《下一代产业基础技术研究开发制度》中，以确保企业与学校之间的优势互补和相互协作（胡建华，2012）。产学结合在日本被视为科技进步、高校自身发展及为社会经济成长做贡献的重要途径之一。协同创新模式以政府为核心，主要包括共同研究、委托研究、委托研究员制度、企业捐赠制度、设立共同研究中心、建立科学园区等（于天淇，2019）。日本高校产学结合主要包括两个层面：一是高校与企业联合开展研究活动，即研究过程的产学结合；二是高校的研究成果直接转化为技术、产品为企业所用，即研究成果的产学结合。

日本推动产学研协同创新的做法主要有：

（一）将产学研合作教育作为基本国策

1996 年 7 月出台的《科学技术基本计划》将产学研合作作为一项基本国策；1998 年通过《促进大学等向民间转移有关技术的研究成果之法律》，旨在通过促进大学等机构向民间转移有关技术的研究成果，达到开拓新领域，提升产业技术，增强大学的研究活力，顺利实现国家产业结构转型、国民经济健康发展和学术进步之目的，该法令的颁布，对产学结合发展起到了重要的推动作用。

（二）产学研合作制度化

日本政府通过一系列法律法规和国家计划规范引导产学结合的发展。各高校通过成立负责产学结合的专门机构，出台相关产学结合政策，规范和支持教师的产学结合活动、风险企业的创办和管理知识财产的保护等活动，将产学结合的活动落到实处，推向深入，建立了委托研究制度、委托培训制度、捐赠奖学金制度、研究室制度、经费划拨与使用制度、研究权属保障制度、人员互派制度等一系列行之有效的制度（王迪，2008）。

四、德国——弗朗霍夫模式

19 世纪，柏林大学等一大批创新导向、产学协同的创新型大学助推了德国经济的快速崛起（曹青林，2014）。主要有双元制模式和弗朗霍夫模式。双元制模式主要是理论与实践并重的职业技术型人才培养模式；弗朗霍夫模式是由政府出资设立非营利技术研究机构，与高校密切合作为技术密集型企业拓展市场，具体包括战略创新平台、联合研究项目、联合聘任大学教授、共享科学设施、共建时效性研究单元模式、学研机构合并、创新人才培养协同等（李晓慧等，2017）。

德国在推动产学研协同创新的主要做法是：

（一）法律先行，促进产学研之间的协同

1980 年《贝尔法案》颁布，鼓励大学与企业之间的知识（技术）转移。德国前联邦教育与科研部部长莎万强调只有在科学与经济界之间架起了桥梁才使得市场的创新成为可能。2001 年，联邦教育与科研部以及联邦经济与劳动部联合推动"知识创造市场"规划，2011 年又推出"商业化

攻势"规划以推动企业与学研机构成果转化方面的合作（周小丁和黄群，2013）。

（二）加大协同创新的经费投入

联邦统计局数据表明，高校与企业的协同研发经费逐年上升，至 2000 年，产学协同研发经费占德国全部协同研发经费的 12% 以上。2004 年，联邦政府实施"应用科学大学联合经济界科研计划"，鼓励高校和企业合作。2006 年，联邦政府对应用科学大学的资助经费又翻倍，引导高校研究工作更顺应实业界的需求，促进新知识迅速转入企业。

（三）以教学协同促进科研协同

在德国，高校被视作区域内最重要的创新要素，教学被视为产学协同的重点领域，通过高校与企业的教学协同架起科研协同的桥梁和纽带。在教学和科研协同过程中，高校和企业优势互补，各取所需：企业得到了发展所需的人才、新知识、新技术；高校则获得研究资金，供需匹配使技术转移更具有针对性。

（四）基于创新价值链的多主体协同，构建高校与企业长期协同关系

高校与企业协同逐步由点对点线性协同发展为网络状的协同模式，形成了基于创意、研发、试验到生产与销售的价值链全周期的多主体协同，正朝着建立组织间长期的、全方位的战略伙伴关系方向发展。

五、英国——合作伙伴计划

英国产学研协同创新的模式主要有教学公司模式、沃里克模式和剑桥

科学公园等合作伙伴计划模式。

英国推动产学研协同创新的做法主要有：

（一）　实施多个旨在鼓励科技界与产业部门合作的计划

政府规定研发基金项目申请主体必须至少包含 1 个科研机构和 1 个企业，且项目申请主体之间必须事先签署协议，规定好任务分工和科研成果归属，以免将来可能发生法律纠纷。

（二）　政府鼓励企业在高新技术方面的投资

有完善的科学政策支持产学研的发展。政府制定明确的国家创新主攻方向，集聚整合相关行业领域内的各类核心资源和关键技术，引导支持企业加大研发投入力度。

（三）　政府对中小企业参与产学研协同创新扶持力度大

同时帮助企业开拓市场项目，为企业与专业知识、市场、合作伙伴和资金渠道建立联系起桥梁和纽带作用。

六、产学研协同创新实践启示

国外发达国家的产学研协同创新成功实践对我国开展产学研深度融合的协同创新实践带来了有益的启示。

（一）　政府发挥着重要的引领作用

尽管西方发达国家市场化程度高，但并未将产学研协同行为视为创新主体自由竞争状态下的自组织行为，而是政府在知识产权保护、财税引导等方面发挥着重要的间接引领支持作用。

（二）完善的法律保障体系

发达国家在推进产学研合作过程中，首要强调的是法律法规制度的建立和完善。以法律形式保障了产学研协同创新在国家创新体系中的地位，确保各项政策措施得以落地生根，有效实施。

（三）财政、金融、税收等立体化的支持体系

鉴于创新的高投入、高不确定性、高风险性，特别是知识创新收益外部性，发达国家普遍重视对基础研究的支持力度，弥补知识创新的外溢性导致的动力不足，同时发达的金融体系为产学研协同创新提供了商业信贷、风险投资等多样化的资金支持。

（四）完善的中介信息服务平台功能

市场化运营的中介服务平台完善，有效地促进了信息互通、资源共享，同时注重产学研协同创新平台的建设，为产学研合作提供舞台支持。

第四章
区域产学研协同度评价

一、研究框架

区域产学研协同创新是由不同属性的子系统相互作用形成开放复杂的具有特定结构和功能的动态大系统，具有构成要素的多元性、相互关联的动态性、协作方式的多样性等特征。系统之间或系统组成要素之间在发展演化过程中彼此和谐一致的程度即为协同度（张哲，2011）。对主体间协同创新的影响因素进行研究，通常以协同程度为常见因变量（吴卫红等，2018）。虽然自中央提出创新驱动发展战略以来，政府大力倡导产学研协同创新，但离预期的效果还有很大差距，存在创新各主体之间的协同度不高，协同合作形聚神散，协同广度、深度、持久度远未达到预期效果等问题。区域产学研协同度是衡量跨组织协同创新效果的有效工具之一，有必要从系统角度构建区域产学研协同创新复合系统协同度模型对产学研之间的协同状况进行研究。

关于区域产学研协同创新复合系统的协同度定量测算在指标体系选择和模型方法使用上尚未得到公认的较为科学合理的认识，也缺少深入的实证研究，本章以区域产学研协同创新复合系统为研究对象，以系统论、协同论、三重螺旋理论等为理论依据设立子系统序参量评价指标体系，构建 Topsis—灰色关联动态耦合协调度模型，对我国 30 个省份产学研协同创新复合系统的协同度进行科学分析。

二、协同度评价指标体系

协同学将系统的有序称为"自组织"，将影响系统有序的非关键因素称为控制参量，对系统有序其关键作用的称为序参量（解学梅，2011）。序参量可以表征各子系统对复合系统协同度的效用，其大小描述系统有序程度的高低，在系统中具有决定性作用（Haken，1983）。序参量对复合系统的演化起决定性作用，直接影响协同度的测度。因此，设计科学有效的序参量指标体系对研究复合系统的演变具有至关重要的作用。

（一）相关文献回顾

指标的选取是有效测算系统协同度最为重要的环节，对研究产学研协同创新复合系统的演变和协同度测算具有重要作用，但目前关于协同度序参量指标体系的确定并没有达成共识，既有从创新主体角度研究协同度，又有从创新要素角度研究协同度，对协同创新复合系统包含的子系统认识也不统一。Philbin（2008）通过建立基于转换过程的输入（投入）与输出（产出）要素矩阵，构建协同度评价指标体系。Simatupang 和 Sridharan（2005）从信息共享、决策同步、合作激励三个方面考察了协同创新水平。霍妍（2009）从产学研合作的投入、过程、产出三个环节构建产学研合作程度评价指标体系。邢建军和李洋（2010）从区域创新网络要素素质（创新主体、中介机构、金融机构、政府）、区域创新网络协同过程（知识传播与扩散能力、知识转化与运用能力）、区域市场完善程度（基础设施、创新平台）三个维度构建区域创新网络要素间协同能力测度的指标体系。贺灵等（2012）从要素素质、要素互动以及要素环境三个角度测量区域创新网络要素间的协同度。王进富等（2013）基于微观角度，考虑合作创新过程中主体的协同情况，从动力协同（政府支持力度、合作创新能力）、路径协同（知识产权归属、合作创新形式、路径协调）和知识管理协同（知识创造、知识对接）三个维度设计了协同度评价指标。孙萍等（2014）从协同动力（主动联系或被动联系）、协同持续性（长期协同或短期协同）、协同组织状态（有序协同或无序协同）等维度构建指标体系测量产学研合作的协同度。白俊红和卞元超（2015）将产学研协同创新复合系统分解为由产业发展子系统、人才培养子系统、科学研究子系统组成，从投入产出维度设计复合系统的序参量指标体系。卞元超等（2015）认为，产学研协同创新系统由企业子系统、高校子系统和科研机构子系统组成，并从知识投入、知识创造和知识运用三个角度构建各子系统序参量指标体系。王婉娟和危怀安（2016）用协同强度、协同久度、协同规模和协同满意度衡量创新系统内部要素在相互作用过程中的和谐一致程度，即协同度。刘友金等（2017）构建了高校链子系统（科研投入和科研产出序参量）、科研院所链子系统、企业链子系统（市场导向导入和产出）、交互链子系统（知识转移和共享序参量）测算长江经济带 11 省市的产学研协同创新协同度。

　　无论是从创新主体还是从创新关系或过程确定协同创新系统的序参量指标都有其合理性。但是协同度并不代表区域的协同创新水平，不是对区域创新能力的测度，而是对不同维度的要素协同或匹配的度量（叶鹰等，2014）。上述协同度评价指标体系或者忽视了产学研之间的交互效应，或者将高校、科研院所分立出来，且部分指标存在着相关性不高，代表性较弱、信息冗余问题。鉴于现有研究从创新要素、创新主体、创新过程等角度来构建复合系统，确定序参量指标体系还没有达成共识，本书在遵循系统性、科学性、层次性、代表性、可操作性等原则的基础上，借鉴已有指标评价体系，基于系统论、协同论和三重螺旋理论等，构建更加直观、全面的区域产学研协同度评价指标体系。

（二）指标体系构建

产学研之间的协同构成了一个复合系统，因此对于产学研协同程度的评价就必须运用系统学范畴的子系统概念，也就是说，在建立区域产学研协同程度评价指标体系之前，应该明确区域产学研协同创新复合系统的子系统构成。考虑到区域产学研协同创新是以企业知识需求和学研机构知识供给为主体的协同创新系统，高校、科研院所组成的学研机构和企业是产学研协同创新复合系统的核心创新主体，同时又存在知识创新主体学研机构与知识应用主体企业之间知识、信息、资源的交互和相互作用关系，在遵循科学性、系统性、动态性、可操作性的原则下，将产学研协同创新复合系统分为学研机构子系统、企业子系统、协同效应子系统，它们之间存在着复杂的非线性作用。同时，从投入和产出两个维度选取相应的序参量指标构建产学研协同创新复合系统协同度评价指标体系。

1. 学研机构子系统

知识创造是大规模技术创新的关键所在，是形成产学研协同创新的前提，因此学研机构科学知识创造能力是学研机构子系统的主要功能，可以通过学研机构 R&D 人员全时当量、学研机构经费内部支出、每十万人口高等学校平均在校生数、学研机构发表科技论文数、学研机构 R&D 课题数、学研机构发明专利数构建学研机构子系统序参量指标体系。

2. 企业子系统

一个没有制度化研发部门、没有持续创新能力的企业，难以与学研机构开展深度的高层次协同创新活动。因此，企业技术创新能力是产学研协同创新协同性的重要方面。考虑到规模以上企业相关指标数据的可获得性，用规模以上工业企业 R&D 人员全时当量、规模以上工业企业 R&D 经费投入、规模以上工业企业 R&D 项目数、规模以上工业企业新产品销售收入、规模以上工业企业发明专利申请数指标从投入产出全过程角度构建企业子系统序参量指标体系。

3. 协同效应子系统

在产学研协同过程中，学研机构主要通过与企业合作获取知识创造所需的研究经费，企业一般作为主要的资金提供方，而学研机构主要作为知识技术的提供方，在合作过程中拨给对方的经费越多，说明企业与学研机构的交互协作程度越高。因此，用学研机构 R&D 经费内部支出来自企业的资金反映学研机构与产业之间的交互投入效应；在产学研协同产出阶段，根据产学研协同创新模式的不同，主要表现为知识产权交易和共同创造获得的知识产权，因此用区域技术市场成交额和合作专利申请授权数来衡量产学研协同交互产出效应，交互投入、交互产出体现了产学研之间的协同效应。指标体系如表 4.1 所示。

表 4.1 区域产学研协同创新复合系统协同度评价指标体系

子系统	序参量	指标（单位）
学研机构 子系统	学研机构创新投入	学研机构 R&D 人员全时当量
		学研机构 R&D 经费内部支出
		每十万人口高等学校平均在校生数
	学研机构创新产出	学研机构发表科技论文数
		学研机构 R&D 课题数
		学研机构发明专利数
企业 子系统	企业创新投入	规模以上工业企业 R&D 人员全时当量
		规模以上工业企业 R&D 经费投入
		规模以上工业企业 R&D 项目数
	企业创新产出	规模以上工业企业新产品销售收入
		规模以上工业企业发明专利申请数
协同效应 子系统	交互投入效应	学研机构 R&D 经费内部支出来自企业的资金
	交互产出效应	区域技术市场成交额
		合作专利申请授权数

4. 指标的说明

指标数据主要源于统计年鉴，利用统计年鉴数据可降低调研数据产生的统计偏差，提高结果的客观性和准确度。同时考虑到物价变动的影响，本书对与价格相关的 R&D 经费内部支出、新产品销售收入等数据进行平减处理，具体平减公式为：$X = \dfrac{X^*}{PI}$。其中，X^* 为名义统计指标；X 为实际统计指标；PI 为以 1978 年为基期测算的价格指数（范建红等，2019）。

三、协同度评价方法

（一）相关模型评价

孟庆松和韩文秀（1999）基于系统学原理，将复合系统子系统中的协调度称为有序度，复合系统整体的协调度称为协同度，并构建了复合系统整体协调度评价模型，定量分析复合系统有序度及子系统协同度。郗英和胡剑英（2015）构建了企业生存系统中的企业核心能力子系统和外部环境子系统的协调度模型并以航空企业为例进行了实证分析。马骁（2019）利用复合系统协同度模型对京津冀区域经济协同度进行评价。现有研究关于协调度计算的方法有很多种，如耦合协调度模型、离差系数法、多层次模糊综合评价法、加权聚类系数法，现对各种方法简述如下：

1. 复合系统协调度评价模型

孟庆松和韩文秀（1999）在对复合系统协调学特征的准确把握基础上，建立了可度量的复合系统整体协调度模型。其计算步骤如下：

（1）序参量分量有序度计算。系统 S 的第 w 个子系统（$w = 1$，2，$\cdots$，m）用 S_w 表示。子系统发展过程的序参量变量为 $e_w = (e_{w1}, e_{w2}, \cdots, e_{wn})$，其中，$n \geqslant 1$，$\alpha_{wi} \leqslant e_{wi} \leqslant \beta_{wi}$，$i \in (1, n]$。假设 e_{w1}，e_{w2}，$\cdots$，e_{wj} 为慢驰变量，即变量值越大，系统有序度越高，反之则越低；e_{wj+1}，e_{wj+2}，$\cdots$，e_{wn} 为快驰变量，即变量值越大，系统有序度越低，反之则越高。基于此，序

参量分量 e_{wi} 有序度如下：

$$U_w(e_{wi}) = \begin{cases} \dfrac{e_{wi} - \alpha_{wi}}{\beta_{wi} - \alpha_{wi}}, & i \in [1, j] \\[3mm] \dfrac{\beta_{wi} - e_{wi}}{\beta_{wi} - \alpha_{wi}}, & i \in [j+1, n] \end{cases} \qquad w \in (1, m] \qquad (4.1)$$

由函数可知，α_{wi}，β_{wi} 是 S_w 子系统稳定区域临界点上序参量分量取值的下限和上限，序参量分量值中的最小值和最大值代表下限和上限。此外，序参量变量 e_{wi} 对子系统有序程度的总贡献要通过 $U_w(e_{wi})$ 各自的集成来实现。为客观简便起见，通常采用加权平均法进行集成，分别计算各子系统的有序度。

（2）子系统有序度计算。S_w 的有序度 $U_w(e_w)$ 计算公式如下：

$$U_w(e_w) = \sum_{i=1}^{n} \omega_i U_w(e_{wi}) \quad \omega_i \geq 0, \text{ 且} \sum_{i=1}^{n} \omega_i = 1 \qquad (4.2)$$

故 $U_w(e_{wi}) \in [0, 1]$，且 $U_w(e_{wi})$ 越大，序参量分量 e_{wi} 对 S_w 子系统有序程度的贡献越大。S_w 子系统的有序度越高，反之则越低。其中权重确定的方法通常有层次分析法、熵值法、相关系数矩阵法等。

（3）复合系统协调度计算。对于给定的初始时刻 t_0，假设子系统 S_w 的有序度为 $u_w^0(e_w)$，对整体系统在时刻 t_1 而言，子系统 S_w 的有序度为 $u_w^1(e_w)$，则在 $t_0 \sim t_1$ 这一时段内系统的协调度为复合系统的整体协调度，计算公式如下：

$$C = \lambda \times \sqrt[m]{\prod_{w=1}^{m} |u_w^1(e_w) - u_w^0(e_w)|} \qquad (4.3)$$

式中，λ 的取值为：

$$\lambda = \frac{\min[u_w^1(e_w) - u_w^0(e_w) \neq 0]}{|\min[u_w^1(e_w) - u_w^0(e_w) \neq 0]|} \qquad (4.4)$$

λ 是衡量子系统协调方向的参数，只有当 $u_w^1(e_w) - u_w^0(e_w) > 0$ 时，才有正向的协调度。当 $\lambda = 1$ 时，协调度表示子系统间同方向发展的协调程度；当 $\lambda = -1$ 时，协调度表现为子系统反方向发展的协调程度或根本不协调。若只是一个子系统数值较大，或有序度提升幅度较大，则复合系统协调度并不会出现同等程度的提升。当子系统中任何一个在 t_1 时刻的有序度小于其在 t_0 时刻的有序度时，复合系统协调度 C 都会呈现负值。若只是一个子系统数值较大，或有序度提升幅度较大，则复合系统协调度也不会出现同等程度的提升；如果一个子系统有序程度提高幅度很大，而其他子系统有序程度提高幅度较小或下降，复合系统协同度减小或为负数。因此，复合系统协调度测度模型是将各子系统的发展状况均作为测度依据，与各子系统的有序度都有密切关联。C 值的正负、大小及变化趋势综合反映各子系统间的协同演进状态、程度和趋势。

2. TH 算法

TH 算法即基于信息论的三重螺旋模型定量分析方法，是以信息论中的互信息为基础，通过分析创新系统中大学、产业和政府三者之间不确定度的互信息，来研究整个系统网络关系的协同配置程度，反映大学、产业和政府机构协同和合作的程度。TH 算法的基础是 Shannon 的信息熵理论，其对信息熵的定义是：离散型随机样本出现的概率大小，即样本不确定性越大，其熵值越大；样本不确定性越小，其熵值越小。当只存在一个变量时，熵的计算公式如下：

$$H_i = -\sum_i P_i \times \log_n(P_i) \tag{4.5}$$

当出现三重螺旋时，信息熵公式如下：

$$H_{iug} = -\sum_i \sum_u \sum_g P_{iug} \times \log_n(P_{iug}) \tag{4.6}$$

信息熵反映主体间协同创新合作频繁程度，用以表征主体间协同创新的程度，值越大，代表协同度越高（吴卫红等，2018）。

3. 加权聚类系数法

Onnela 等（2005）提出局部加权集聚系数的定义，通过测度网络中节点 L 所构成的三角形的相对密度，以反映节点 L 与其他节点的集聚情况。在 $0 \sim 1$，越接近 1，表示节点 L 及其邻近节点间的关系越紧密。通过计算网络每个节点的局部加权集聚系数得到整个网络的平均集聚系数。齐昕和刘家树（2015）借鉴复杂网络理论，将区域创新系统视为一个复杂网络，"政产学研融"等创新主体为网络中的节点，节点间相互交流的创新资源的大小为权数，利用加权聚类系数来表征创新系统内创新主体之间联系的密切程度。其计算公式如下：

$$C(L) = \frac{2}{k_l(k_l - 1)} \sum_{j,i} (w'_{lj}w'_{ij}w'_{li})^{1/3} \tag{4.7}$$

$$\overline{C} = \frac{1}{N} \sum C(L) \tag{4.8}$$

4. 其他方法

系统的协同不仅包括子系统自身的有序发展，还包括子系统之间的相互协调，考虑到两个子系统的协同度状况，可以利用它们之间的离差系数来衡量，离差系数越小表明系统间的协调性越好，反之则表明系统间的协调性差。此外，郗英等（2005）采取多层次模糊综合评价测算子系统序参量有序度，进而确定系统协调度大小。武玉英等（2016）运用 Topsis、灰色关联和距离协同模型以及熵理论对京津冀地区要素与产业协同度进行实证分析。

复合系统协调度模型、离差系数法、多层次模糊综合评价法、加权聚类系数法等众多的协同度评价方法百花齐放。这表明，一方面学者逐渐关注协同度的测量，相关模型研究较多；另一方面针对协同度的评价方法结论非一致性，且都是通过静态指标进行衡量，无法体现复合系统的动态性及其发展趋势。为了准确把握各省份的产学研协同性及其发展变化的趋势，本书尝试运用 Topsis—灰色关联动态耦合协调度模型测量区域产学研协同度。

（二）Topsis—灰色关联动态耦合协调度模型

Topsis 方法（Technique for Order Preference by Similarity to Ideal Solution），又称逼近理想解排序法，由 Hwang 和 Yoon 于 1981 年首次提出，其原理是根据评价对象靠近最优解和远离最劣解的程度来进行评价，其中离最优解最近且离最劣解最远的对象是最优的，本质上是通过测算系统的现实状态与理想状态间的欧氏距离来判断系统发展水平，优点是不仅关注具体值大小，而且关注对象间的排序，容易理解，运算简单。

灰色关联度方法（Grey Relational Analysis）是研究多个系统之间关联的系统分析方法（刘海涛等，2019）。其基本思想是根据序列曲线几何形状的相似程度来判断其联系是否紧密，与传统的概率统计方法相比，具有数据需求量小、便于数据规律挖掘、动态指标易量化等特点（李海东等，2014）。

动态评价理论强调在静态评价基础上增加对指标值提升程度的考量，既考虑了指标与指标值间的差异性，又考虑指标间的提升程度，使结果更加准确（李美娟等，2015）。

"耦合"是指两个或两个以上的系统之间存在着紧密配合与相互影响，并通过彼此的相互作用从一侧向另一侧传输能量的现象（张媛媛等，2017）。耦合模型则是指在有限元分析过程中出现的多种物理场交叉现象，可以用来反映两个子系统间的耦合程度（史翔翔，2019）。

基于区域产学研协同创新复合系统的内涵，结合 Topsis 思想、灰色关联理论、动态评价理论和耦合模型的优点构建 Topsis—灰色关联动态耦合协调度模型。其计算过程如下：

1. 指标标准化处理

由于各评价指标通常具有不同的量纲，需要对指标进行标准化处理。设评价对象在 t_z 时，由 n 个对象和 m 个指标构成，即 $\{x_{ij}^{t_z} \mid i = 1, 2, \cdots, n; j = 1, 2, \cdots, m; z = 1, 2, \cdots, N\}$。原始评价值的矩阵 $X(t_z)$ 为：

$$X(t_z) = (x_{ij}^{t_z})_{n \times m} = \begin{vmatrix} x_{11}^{t_z} & x_{12}^{t_z} & \cdots & x_{1m}^{t_z} \\ x_{21}^{t_z} & x_{22}^{t_z} & \cdots & x_{2m}^{t_z} \\ \vdots & \vdots & \ddots & \vdots \\ x_{n1}^{t_z} & x_{n2}^{t_z} & \cdots & x_{nm}^{t_z} \end{vmatrix}$$

本书采用极值法对原始指标值进行处理，公式如下：

若 $x_{ij}^{t_z}$ 为正向指标时：

$$x'^{t_z}_{ij} = \frac{x_{ij}^{t_z} - \min_{1 \leq i \leq n}(x_{ij}^{t_z})}{\max_{1 \leq i \leq n}(x_{ij}^{t_z}) - \min_{1 \leq i \leq n}(x_{ij}^{t_z})} \tag{4.9}$$

若 $x_{ij}^{t_z}$ 为负向指标时：

$$x'^{t_z}_{ij} = \frac{\max\limits_{1 \leqslant i \leqslant n} \left(x^{t_z}_{ij} \right) - x^{t_z}_{ij}}{\max\limits_{1 \leqslant i \leqslant n} \left(x^{t_z}_{ij} \right) - \min\limits_{1 \leqslant i \leqslant n} \left(x^{t_z}_{ij} \right)} \tag{4.10}$$

2. 指标权重确定

指标权重的确定一般有两种方法：一是主观赋权法，即根据专家的专业知识和经验主观判断得到，具有较强的主观性；二是客观赋权法，即根据数据间的关系得到，具有较强的客观性。本书采用主观赋权 AHP 层次分析法和客观赋权熵值法组合赋权确定序参量分量指标的权重，主观赋权和客观赋权相结合，既考虑专家的意见，又体现指标数据本身的特点，使信度和效度大大提高，基于此权重得到的评价结果科学性更高（甘小文和毛小明，2016）。

（1）AHP 层次分析法。这是一种依据专家经验进行层次权重决策的主观赋权法。该方法基本思想为系统论，通过将一个复杂问题的解决设为目标层，并分解为多个一级因素组成准则层，按从属关系进一步分解形成指标层，依次建立研究问题的层次模型；然后基于有序递阶的指标体系，构造两两比较判断矩阵，通过判断矩阵的相应运算确定层次模型中准则层因素对目标层的相对权重，指标层因素对各自的准则层因素的相对权重；最后确定指标层因素对目标的权重（李旭辉，2016）。

其主要步骤：

1）将各因素之间的隶属关系从高到低排列成若干层次，建立不同层次因素之间的相互关系的层次结构模型。

2）建立判断矩阵。从第二层开始，针对上一层的某个元素，对下一层与之相关的元素，即层之间有连线的元素，采用九分制标度法进行两两比较，并按照重要程度评定等级。

3）一致性检验。由于成对比较中不要求具备传递性，专家在进行两两比较时可能会由于价值取向及定级技巧差异，造成判断矩阵的不协调性。为对不协同性做出评定，引入 $CI = \dfrac{\gamma_{\max} - n}{n - 1}$ 表征一致性，从而计算出一致性比率（CR）。$CR = \dfrac{CI}{RI}$（RI 为平均随机一致性指标），若 $CR \leqslant 0.1$，则认为判断矩阵具有较好的协调性，则可以根据判断矩阵确定相应的权重集 W。

4）确定每一层次全部要素的相对重要程度权值。此处利用特征向量法来进行计算。

（2）熵权法。这是一种客观赋权的方法，通过客观排序真实反映指标的实际情况，其基本原理是：根据各项指标的差异程度，利用信息熵，对各指标初步给定的权重调整，实现动态赋权。在指标数据矩阵中，信息熵越大，数据结构就越均衡，对应的变异系数就越小，指标权重也就越小，反之则权重越大。该方法确定权重的优点是不受主观因素的干扰，对系统的评价较为公正、客观。能够排除主观性影响，客观、可信，而且将决策过程数量化、层次化，易于比较分析。具体步骤为：

1）数据标准化处理，具体参考式（4.9）和式（4.10）。

2）确定第 j 个指标 t_z 时的比重：

$$Y_{ij}^{t_z} = \frac{x'_{ij}^{t_z}}{\sum_{i=1}^{n} x'_{ij}^{t_z}} \tag{4.11}$$

3）计算第 j 个指标熵值：

$$e_j^{t_z} = -\frac{1}{\ln n} \sum_{i=1}^{n} Y_{ij}^{t_z} \ln Y_{ij}^{t_z} \tag{4.12}$$

4）计算第 j 个指标的变异系数：

$$\gamma_j^{t_z} = 1 - e_j^{t_z} \tag{4.13}$$

5）计算第 j 个指标的权重：

$$w_j^{t_z} = \frac{\gamma_j^{t_z}}{\sum_{j=1}^{n} \gamma_j^{t_z}} \tag{4.14}$$

3. 动态评价值计算

动态评价值同时考虑指标值差异程度和增长程度的各评价对象在第 t_z 时刻的动态评价值，计算过程如下：

（1）如果考虑指标值差异程度，按以下步骤进行计算：

1）确定第 t_z 时刻的加权标准化矩阵。将标准化后的矩阵赋予权重，得到加权后的标准化矩阵：

$$U = (u_{ij}^{t_z}) = (\omega_j x'^{t_z}_{ij}) = \begin{vmatrix} u_{11}^{t_z} & u_{12}^{t_z} & \cdots & u_{1m}^{t_z} \\ u_{21}^{t_z} & u_{22}^{t_z} & \cdots & u_{2m}^{t_z} \\ \vdots & \vdots & \ddots & \vdots \\ u_{n1}^{t_z} & u_{n2}^{t_z} & \cdots & u_{nm}^{t_z} \end{vmatrix}$$

2）确定正负理想解。根据加权后的标准化矩阵，可得到各指标的理想最优值和最劣值：

即正理想解：

$$U^+ = (\max_{1 \leq i \leq n} \max_{1 \leq z \leq N} u_{ij}^{t_z}) = (u_1^+ ; u_2^+ ; \cdots ; u_m^+)$$

负理想解：

$$U^- = (\min_{1 \leq i \leq n} \min_{1 \leq z \leq N} u_{ij}^{t_z}) = (u_1^- ; u_2^- ; \cdots ; u_m^-)$$

3）计算灰色关联度。基于正负理想解和灰色关联度理论，得出在 t_z 时刻第 i 个对象第 j 项指标与正理想解的灰色关联系数 $\rho_{ij}^{t_z+}$，其中，$\xi \in [0，1]$，且通常取 0.5：

$$\rho_{ij}^{t_z+} = \frac{\min\limits_{1 \leq i \leq n} \min\limits_{1 \leq j \leq m} (| u_j^+ - x'^{t_z}_{ij} |) + \xi \max\limits_{1 \leq i \leq n} \max\limits_{1 \leq j \leq m} (| u_j^+ - x'^{t_z}_{ij} |)}{| u_j^+ - x'^{t_z}_{ij} | + \xi \max\limits_{1 \leq i \leq n} \max\limits_{1 \leq j \leq m} (| u_j^+ - x'^{t_z}_{ij} |)} \qquad (4.15)$$

式中，$| u_j^+ - x'^{t_z}_{ij} |$ 为参考序列与第 i 列比较序列的绝对差值，其中 $j = 1，2，\cdots，m$；$i = 1，2，1，2，\cdots，n$。$\min\limits_{1 \leq j \leq m} (| u_j^+ - x'^{t_z}_{ij} |)$ 是其中的第一级最小差，表示参考序列与第 i 列比较序列绝对差值的最小值，而 $\min\limits_{1 \leq i \leq n} \min\limits_{1 \leq j \leq m} (| u_j^+ - x'^{t_z}_{ij} |)$ 是两级最小差，是在第一级最小差基础上取所有序列中的最小值。$\max\limits_{1 \leq i \leq n} \max\limits_{1 \leq j \leq m} (| u_j^+ - x'^{t_z}_{ij} |)$ 以此类推。$\xi \in (0，1)$ 为分辨率系数，ξ 越小，分辨率越高，通常取 $\xi = 0.5$。

将得到的 $\rho_{ij}^{t_z+}$ 进行集结，即可得出各对象与正理想解的灰色关联系数矩阵：

$$P^{t_z+} = \begin{bmatrix} \rho_{11}^{t_z+} & \cdots & \rho_{1m}^{t_z+} \\ \vdots & \ddots & \vdots \\ \rho_{n1}^{t_z+} & \cdots & \rho_{nm}^{t_z+} \end{bmatrix}$$

则在 t_z 时第 i 个对象与正理想解的灰色关联度为：

$$P_i^{t_z+} = \frac{\sum\limits_{j=1}^{m} \rho_{ij}^{t_z+}}{m}, (i = 1, 2, \cdots, n) \tag{4.16}$$

同理，可得在 t_z 时第 i 个对象与负理想解的灰色关联度为：

$$P_i^{t_z-} = \frac{\sum\limits_{j=1}^{m} \rho_{ij}^{t_z-}}{m}, (i = 1, 2, \cdots, n) \tag{4.17}$$

4）计算在 t_z 时灰色关联相对贴近度。将正负灰色关联度集结得到最终的灰色关联相对贴近度：

$$W_i^{t_z} = \frac{P_i^{t_z+}}{P_i^{t_z+} + P_i^{t_z-}}, \quad (i = 1, 2, \cdots, n) \tag{4.18}$$

（2）如果考虑指标值增长程度，按以下步骤进行计算：

1）计算加权增长系数矩阵。由于标准化矩阵为 $(x'^{t_z}_{ij})$，可以得到增长系数矩阵为 $(a_{ij}^{t_z})$，其中：

$$a_{ij}^{t_z} = x'^{t_z}_{ij} - x'^{t_{z-1}}_{ij} \tag{4.19}$$

将增长系数矩阵赋予权重，得到加权后的增长系数矩阵为：

$$\Delta U = (\Delta u_{ij}^{t_z}) = (\omega_j a_{ij}^{t_z}) = \begin{bmatrix} \Delta u_{11}^{t_z} & \cdots & \Delta u_{1m}^{t_z} \\ \vdots & \ddots & \vdots \\ \Delta u_{n1}^{t_z} & \cdots & \Delta u_{nm}^{t_z} \end{bmatrix}$$

2）确定正负理想解。根据加权后的增长系数矩阵，可得各指标的理想最优值和最劣值：

即正理想解：

$$\Delta U^+ = (\max_{1 \leqslant i \leqslant n} \max_{1 \leqslant z \leqslant N} \Delta u_{ij}^{t_z}) = (\Delta u_1^+; \ \Delta u_2^+; \ \cdots; \ \Delta u_m^+)$$

负理想解：

$$\Delta U^- = (\min_{1 \leqslant i \leqslant n} \min_{1 \leqslant z \leqslant N} \Delta u_{ij}^{t_z}) = (\Delta u_1^-; \ \Delta u_2^-; \ \cdots; \ \Delta u_m^-)$$

3）计算灰色关联度。首先与正理想解的灰色关联系数为 $\Delta \rho_{ij}^{t_z+}$，其中，$\xi \in [0, 1]$，且通常取 0.5。

$$\Delta\rho_{ij}^{t_z+} = \frac{\min\limits_{1\leqslant i\leqslant n}\ \min\limits_{1\leqslant j\leqslant m}(\ |\Delta u_j^+ - a_{ij}^{t_z}|\ ) + \xi\max\limits_{1\leqslant i\leqslant n}\ \max\limits_{1\leqslant j\leqslant m}(\ |\Delta u_j^+ - a_{ij}^{t_z}|\ )}{|\Delta u_j^+ - a_{ij}^{t_z}| + \xi\max\limits_{1\leqslant i\leqslant n}\ \max\limits_{1\leqslant j\leqslant m}(\ |\Delta u_j^+ - a_{ij}^{t_z}|\ )} \quad (4.20)$$

则在 t_z 时第 i 个对象与正理想解的灰色关联度为：

$$\Delta P_i^{t_z+} = \frac{\sum\limits_{j=1}^m \Delta\rho_{ij}^{t_z+}}{m},\ (i = 1,2,\cdots,n) \quad (4.21)$$

同理可得在 t_z 时第 i 个对象与负理想解的灰色关联度为：

$$\Delta P_i^{t_z-} = \frac{\sum\limits_{j=1}^m \Delta\rho_{ij}^{t_z-}}{m},\ (i = 1,2,\cdots,n) \quad (4.22)$$

4）计算在 t_z 时灰色关联相对贴近度。将正负灰色关联度集结得到最终的灰色关联相对贴近度：

$$\Delta W_i^{t_z} = \frac{\Delta P_i^{t_z+}}{\Delta P_i^{t_z+} + \Delta P_i^{t_z-}},\ \ (i = 1,\ 2,\ \cdots,\ n) \quad (4.23)$$

综上所述，当同时考虑各方案指标值差异程度和增长程度，各方案在 t_z 时灰色综合贴近度为：

$$W_i^{*t_z} = \alpha W_i^{t_z} + \beta\Delta W_i^{t_z} \quad (4.24)$$

式中，α 和 β 表示相对重要程度，并且满足 $0\leqslant\alpha\leqslant1$，$0\leqslant\beta\leqslant1$，$\alpha+\beta=1$。

4. 系统耦合度模型

借鉴物理学的容量耦合概念以及容量耦合系数模型计算耦合度，以明确系统之间的依赖程度。其中，C，为耦合度，U_1、U_2 分别为各子系统综合序参量，本书就是通过上述计算得到的 $W_i^{*t_z}$。

$$C = 2\sqrt{U_1 U_2}/(U_1 + U_2) \quad (4.25)$$

5. 耦合协调度模型

耦合度模型虽能描述系统间或要素间相互作用、相互影响的程度，但不能反映这种影响的性质，如两个子系统水平均低和两个子系统水平均高的地区可能会同时表现出较高的耦合度（祝影和王飞，2016）。为了克服此种局限性，更客观、准确地揭示系统或要素之间的耦合效应，进一步引入耦合协调度函数，构建耦合协调度模型，以明确系统之间的同步或非同步发展的和谐程度。

$$\begin{cases} D = \sqrt{CT} \\ T = aU_1 + bU_2 \end{cases} \tag{4.26}$$

式中，C 为耦合度，D 为耦合协调度，T 为综合协调指数，反映系统间整体协同效应，一般 $T \in (0, 1)$，以保证 $D \in (0, 1)$，U_1、U_2 分别为子系统综合序参量。a、b 为待定参数，反映待测量两系统的重要程度，一般取值为 0.5。

为了比较被评价对象（或系统）在 t_1 到 t_N 时间段总体情况，可以对各年的评价结果进行二次加权。设 g_z 为第 t_z 期评价值的权重系数，$g_z = e^{z/2N} / \sum_{z=1}^{N} e^{z/2N}$，为递增型序列，且有 $\sum_{z=1}^{N} g_z = 1, g_z > 0$，利用"厚今薄古"的思想来确定时间权重，则第 i 个被评价对象的综合结果为：

$$Z_i = \sum_{z=1}^{N} g_z Z_i^{t_z}, (i = 1, 2, \cdots, n) \tag{4.27}$$

Topsis—灰色关联动态耦合协调度模型既可以衡量系统现有状态与理想状态之间的差距，反映子系统之间的协调性，又能够反映指标数据的动态提高程度，还能表示子系统间的耦合状态。因此，利用 Topsis—灰色关联动态耦合协调度模型计算区域产学研之间的协同性可以充分反映产学研协同创新系统的协同性、动态性、整体性等特征，使评价结果更加客观、真实、可靠。

四、实证分析

（一）数据来源

2008 年国际金融危机爆发后催生了新一轮的科技革命和产业变革，各国、各区域不断加强创新体系建设，为此本书以 2008～2017 年为时间节点。指标数据均选自相关年份的《中国统计年鉴》、《中国科技统计年鉴》、《高技术产业统计年鉴》的相关数据，其中学研机构各指标数据取自《中国科技统计年鉴》中高等学校和研究与开发机构相应指标的和，以保证统计数据的权威性、连续性和可获得性，合作专利数据源于国家知识产权局专利数据库，通过在专利检索平台中输入申请日期、申请地址，并在申请人栏输入"大学"或"学院"或"研究院"和"公司"或"厂"获得（数据详见附录）。鉴于西藏和港澳台地区的数据缺失，故选择 2008～2017 年中国 30 个省份的相关数据作为样本数据，这一区间数据正好可以用来反映国际金融危机爆发后，我国实施创新驱动型发展战略，大力推进产学研协同创新的阶段特征。

（二）协同度计算

根据 Topsis—灰色关联动态耦合协调度模型，以 2008～2017 年为时间节点，选取 30 个省份为研究对象，计算区域产学研协同创新复合系统协同度，结果如表 4.2 所示。

表 4.2　2008～2017 年区域产学研协同度评价值

年份 地区	2008	2009	2010	2011	2012	2013	2014	2015	2016	2017
北京	0.397	0.405	0.413	0.423	0.431	0.439	0.444	0.444	0.445	0.452
天津	0.358	0.361	0.364	0.368	0.371	0.376	0.379	0.380	0.381	0.379
河北	0.350	0.352	0.354	0.355	0.358	0.359	0.361	0.363	0.365	0.368
山西	0.348	0.349	0.350	0.351	0.352	0.353	0.353	0.353	0.353	0.355
内蒙古	0.346	0.347	0.348	0.349	0.351	0.352	0.352	0.352	0.353	0.353
辽宁	0.359	0.363	0.365	0.367	0.370	0.373	0.373	0.371	0.372	0.375
吉林	0.349	0.352	0.352	0.353	0.354	0.355	0.355	0.355	0.357	0.357
黑龙江	0.350	0.353	0.355	0.355	0.356	0.358	0.359	0.359	0.360	0.359
上海	0.375	0.381	0.383	0.387	0.391	0.396	0.399	0.399	0.401	0.405
江苏	0.381	0.394	0.400	0.408	0.420	0.431	0.440	0.443	0.455	0.456

续表

年份 地区	2008	2009	2010	2011	2012	2013	2014	2015	2016	2017
浙江	0.367	0.374	0.380	0.386	0.392	0.396	0.398	0.405	0.410	0.416
安徽	0.351	0.354	0.356	0.358	0.363	0.367	0.370	0.372	0.375	0.380
福建	0.351	0.353	0.356	0.358	0.361	0.363	0.365	0.367	0.370	0.373
江西	0.347	0.348	0.349	0.350	0.351	0.353	0.353	0.355	0.358	0.360
山东	0.364	0.371	0.377	0.382	0.388	0.393	0.397	0.401	0.406	0.413
河南	0.352	0.356	0.358	0.361	0.363	0.366	0.368	0.370	0.374	0.377
湖北	0.357	0.361	0.364	0.367	0.370	0.374	0.377	0.381	0.384	0.387
湖南	0.353	0.364	0.362	0.361	0.364	0.366	0.367	0.369	0.370	0.374
广东	0.373	0.385	0.394	0.403	0.411	0.418	0.421	0.427	0.440	0.455
广西	0.346	0.347	0.349	0.350	0.352	0.352	0.353	0.353	0.355	0.356
海南	0.343	0.344	0.344	0.344	0.345	0.345	0.345	0.346	0.346	0.346
重庆	0.350	0.351	0.352	0.355	0.357	0.358	0.360	0.362	0.365	0.368
四川	0.358	0.361	0.363	0.366	0.369	0.377	0.378	0.380	0.382	0.388
贵州	0.344	0.345	0.345	0.346	0.347	0.348	0.349	0.350	0.351	0.353
云南	0.346	0.347	0.347	0.348	0.349	0.350	0.351	0.352	0.355	0.355
陕西	0.357	0.358	0.359	0.362	0.365	0.370	0.372	0.372	0.373	0.376
甘肃	0.345	0.346	0.347	0.348	0.349	0.349	0.350	0.350	0.351	0.351
青海	0.343	0.343	0.343	0.344	0.344	0.344	0.345	0.345	0.345	0.345
宁夏	0.343	0.344	0.344	0.345	0.345	0.345	0.346	0.346	0.346	0.347
新疆	0.344	0.345	0.345	0.346	0.347	0.347	0.347	0.348	0.349	0.349

同时对 T 个时点信息进行集结，通过式（4.27）集结算法得到第 i 个被评价对象在 T 个时刻的总动态综合评价值，如表4.3所示。

表4.3　2017年区域产学研协同度组合评价值

省份	组合评价值	省份	组合评价值	省份	组合评价值
北京	0.4319	陕西	0.3675	山西	0.3521
江苏	0.4264	安徽	0.3661	广西	0.3519
广东	0.4160	湖南	0.3658	内蒙古	0.3507
浙江	0.3945	河南	0.3655	云南	0.3505

省份	组合评价值	省份	组合评价值	省份	组合评价值
上海	0.3930	福建	0.3626	甘肃	0.3489
山东	0.3912	河北	0.3594	贵州	0.3481
湖北	0.3735	重庆	0.3586	新疆	0.3469
四川	0.3734	黑龙江	0.3568	宁夏	0.3453
天津	0.3728	吉林	0.3542	海南	0.3450
辽宁	0.3694	江西	0.3531	青海	0.3442

（三）协同度时空差异分析

Capello 和 Lenzi（2014）研究发现，在欧盟境内的协同创新活动存在明显的空间关联特征。而以往我国对于区域产学研协同度的评价相对独立，缺乏整体空间视角，对区域产学研协同度的时空分布格局、集聚状态等研究较少，无法揭示协同度差异的空间机制。有鉴于此，本书进一步将30个省份分成东部、中部、西部区域，如表4.4所示，通过泰尔指数分解法对区域产学研协同度评价结果进行更深入的分析，比较区域产学研协同性的地区差异，并运用探索性空间数据分析法探究其时空分异格局，通过可视化技术揭示其空间数据随时间变化的特性。

表 4.4　2008~2017 年三大区域协产学研协同度评价结果

年份	2008	2009	2010	2011	2012	2013	2014	2015	2016	2017
东部地区	0.365	0.371	0.375	0.380	0.385	0.390	0.393	0.395	0.399	0.403
中部地区	0.351	0.355	0.356	0.357	0.359	0.362	0.363	0.364	0.366	0.369
西部地区	0.348	0.349	0.349	0.351	0.352	0.354	0.355	0.355	0.357	0.358
全国	0.355	0.358	0.361	0.363	0.366	0.369	0.371	0.372	0.375	0.378

注：三大区域分别指东部、中部和西部，其中东部地区包括北京、天津、河北、辽宁、上海、江苏、浙江、山东、福建、广东和海南，中部地区包括吉林、黑龙江、山西、安徽、江西、河南、湖北和湖南，西部地区包括内蒙古、广西、重庆、四川、贵州、云南、陕西、甘肃、青海、宁夏和新疆。下同。

由表4.4可以得出，从全国整体角度来看，我国区域产学研协同度均值呈现逐年递增态势，这主要是国家越来越重视自主创新，重视产学研协同创新在国家创新驱动发展战略中重要作用的结果。从三大区域角度来看，东部地区的产学研协同度远高于全国平均水平，2017年为0.403，而中部和西部地区则低于全国平均水平，其中西部地区最低，2017年仅为0.358。从省域角度来看，区域产学研协同度排名靠前的省份主要来自东部地区，另外，中部地区的湖北、西部地区的四川排名前10，其次相对位次较前的是黑龙江等东北老工业基地，或者是科教资源相对比较丰富的西部重庆、陕西地区，而排名靠后的省份主要集中在中西部地区，与三大区域间反映出的差异基本保持一致。省域差异最为突出的是北京和青海，且两省间差距也在逐年增大，这充分表明我国区域产学研协同度极不平衡。

1. 协同度泰尔指数分析

进一步利用泰尔指数法对其区域差异深入阐释。计算公式如下：

$$T = \sum_{i=1}^{m} \sum_{j=1}^{n} \frac{x_{ij}}{X} \ln \frac{\frac{x_{ij}}{X}}{\frac{1}{n}} = \sum_{i=1}^{m} \left(\frac{x_i}{X}\right) \sum_{j=1}^{n} \frac{x_{ij}}{x_i} \ln \frac{\frac{x_{ij}}{x_i}}{\frac{1}{n_i}} + \sum_{i=1}^{m} \frac{x_i}{X} \ln \frac{\frac{x_i}{X}}{\frac{n_i}{n}} \qquad (4.28)$$

式中，T 表示泰尔指数，x_{ij} 表示 i 区域内 j 省的协同度评价值，X 表示所研究的30个省份的产学研协同度评价值总和。故 n 取值为30，x_i 表示 i 区域内各省评价值之和，n_i 表示 i 区域内省份的总数。$\sum_{i=1}^{m} \left(\frac{x_i}{X}\right) \times$

$\sum_{j=1}^{n} \left(\frac{x_{ij}}{x_i}\right) \ln \frac{\frac{x_{i,j}}{x_i}}{\frac{l}{n_i}}$ 表示区域内差异，用 t_w 表示 $\frac{t_w}{T}$ 表示区域内差异对总体差异的

贡献率，$\frac{t_v}{T}$ 进一步分解可以得到我国东部、中部、西部区域内差异对总体

差异的贡献率，$\sum_{i=1}^{m} \left(\frac{x_i}{X}\right) \ln \frac{\frac{x_i}{X}}{\frac{n_i}{n}}$ 则表示区域间差异，用 t_v 表示，$\frac{t_v}{T}$ 表示区域间

差异对总体差异的贡献率。

根据泰尔指数分解法，可以分别计算得出我国 2008～2017 年各区域产学研协同度的整体泰尔指数，再进一步按照东部、中部和西部三大区域划分标准进行分解，可以得出整体、区域内、区域间差异和贡献率，如表 4.5 和图 4.1 所示。

表 4.5　2008～2017 年区域产学研协同度地区差异及其分解结果

	年份	2008	2009	2010	2011	2012	2013	2014	2015	2016	2017
区域内	区域内差异	0.004	0.005	0.006	0.008	0.010	0.012	0.014	0.015	0.017	0.020
	东部差异	0.003	0.004	0.006	0.007	0.009	0.010	0.012	0.012	0.014	0.016
	中部差异	0.000	0.000	0.000	0.000	0.000	0.001	0.001	0.001	0.001	0.001
	西部差异	0.000	0.000	0.001	0.001	0.001	0.001	0.001	0.002	0.002	0.002
	区域内贡献率（%）	59.0	57.4	55.6	55.9	55.6	56.8	57.1	57.0	57.6	58.3
	东部贡献率（%）	51.5	49.2	48.8	49.2	48.7	47.9	48.3	47.5	48.3	48.0
	中部贡献率（%）	1.4	3.1	2.2	1.9	2.2	2.5	2.8	3.5	3.4	3.8
	西部贡献率（%）	6.1	5.1	4.5	4.7	4.8	6.4	5.9	6.0	5.8	6.5
区域间	区域间差异	0.003	0.004	0.005	0.006	0.008	0.009	0.010	0.011	0.013	0.014
	区域间贡献率（%）	41.0	42.6	44.4	44.1	44.4	43.2	42.9	43.0	42.4	41.7
	总体差异	0.006	0.009	0.011	0.015	0.018	0.022	0.024	0.026	0.030	0.034

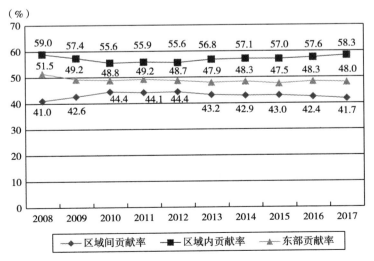

图 4.1　2008～2017 年区域产学研协同度区域差异贡献率比较

根据上述图表中泰尔指数的变动趋势及不同区域的演变轨迹可以看出：整体上，我国各省份的产学研协同度泰尔指数呈缓慢上升趋势，表明自国家创新驱动发展战略实施以来，尽管各省份逐渐加大对产学研协同创新的支持力度，协同创新政策在全国范围内得到了广泛运用和扩散，在活跃的创新环境下，落后省份的协同创新水平也逐渐提升，但产学研协同创新受各地的资本、信息、技术、人才等创新要素影响大，"马太效应"明显，致使区域间产学研协同度的差距越来越大。

就区域而言，区域间差异和区域内差异的变动趋势与总体差异的变动趋势基本一致，区域内差异对总体差异的贡献率高于区域间差异对总体差异的贡献率，表明我国区域产学研协同度的差异主要受区域内部差异影响形成的。在区域内部差异中，东部地区间的差异最为突出，对总体差异的贡献率在50%左右，这主要是由于东部地区的区域产学研协同度分布极不平衡，尤其是区域产学研协同度位列第一的北京和位列倒数第二的海南两省市，但是东部地区差异的贡献率总体呈下降趋势，说明东部地区的产学研协同度不平衡现象正在趋于缓解。

同时，区域内差异对总体差异的贡献率呈波动式下降，由2008年的59.0%下降到2017年的58.3%，而区域间的差异对总体差异的贡献率呈波动式上升，由2008年的41.0%上升到2017年的41.7%，表明东部、中部、西部地区间产学研协同创新发展不平衡有所加剧，差距可能进一步拉大。

2. 协同度空间自相关分析

此外，为进一步描述区域产学研协同度评价值分布的时空特点，采用全局空间自相关Moran'I和局部空间自相关Local Moran'I探讨区域产学研协同度的总体格局分异特征和具体区域的时空分异特性。

（1）方法介绍。全局空间自相关分析主要用于探索某一变量在区域中整体上的空间关联及其显著性，利用统计量Moran'I指数可以衡量相邻区域变量值之间的相似程度以及空间分布模式（范德成和杜明月，2017）。

$$I = \frac{\sum\limits_{i=1}^{n} \sum\limits_{j=1}^{n} \omega_{ij}(x_i - \bar{x})(x_j - \bar{x})}{S^2 \sum\limits_{i=1}^{n} \sum\limits_{j=1}^{n} \omega_{ij}} \qquad (4.29)$$

式中，I 为 Moran 指数，x_i 和 x_j 分别表示变量在地区 i 和 j 的观测值，n 为地区数，x_i 的数学期望为 $\bar{x} = \frac{1}{n} \sum\limits_{i=1}^{n} x_i$，方差为 $S^2 = \frac{1}{n} \sum\limits_{i=1}^{n} (x_i - \bar{x})^2$。$w$ 是行标准化的空间权重矩阵，ω_{ij} 是采用基于共同边界的一阶 ROOK 权重矩阵，即若 i 和 j 相邻，则 $\omega_{ij} = 1$，否则 $\omega_{ij} = 0$，Moran'I 的取值范围为 $-1 \leqslant I \leqslant 1$，$I$ 越接近 1，地区间空间正相关的程度越强，I 越接近 -1，地区间空间负相关的程度越强，接近 0，则表示地区间不存在空间自相关性。

全局空间自相关分析反映属性的空间集聚状况，但不能确定具体的空间聚集区域，而局部空间自相关指数（LISA）可以反映变量在整个研究区域中的某一个区域里与邻近区域空间单元上的同一变量的相关程度，获取局部空间单元观察值的贡献及聚类类型等更丰富的信息。Moran 散点图以变量在不同位置上的观测值向量为横轴，空间滞后项为纵轴，Moran'I 统计量为斜率，描述两者的相关关系。它被分为四个象限：第一象限为 HH 象限，即高值区域被高值区域所包围；第二象限为 LH 象限，即低值区域被高值区域所包围；第三象限为 LL 象限，即低值区域被低值区域所包围；第四象限为 HL 象限，即高值区域被低值区域所包围。其中，第一、第三象限表现为空间正相关，第二、第四象限为空间负相关。统计量 Local Moran'I 衡量某地区与某邻近地区同一属性的关联程度。

$$I_i = z_i \sum_{j=1}^{n} \omega_{ij} z_j \qquad (4.30)$$

式中，I_i 为局部 Moran 指数，z_i 和 z_j 是标准化后的观测值，ω_{ij} 为行为标准化后的空间权重矩阵元素；在一定置信水平下，若 I_i 显著为正且 z_i 大于 0，则地区 i 位于 HH 象限；若 I_i 显著为正且 z_i 小于 0，则地区 i 位于 LL 象限；若 I_i 显著为负且 z_i 大于 0，则地区 i 位于 HL 象限；若 I_i 显著为负且 z_i 小于 0，则地区 i 位于 LH 象限。

（2）分析过程。首先将30个省份的区域产学研协同度作为分析单元，生成基于共同边界的一阶ROOK邻近性空间权重矩阵，然后运行Geo-Da1.6.7软件，可以得到2008～2017年的全局Moran'I指数，如表4.6和图4.2所示。结果表明，我国2008～2017年的区域产学研协同度全局Moran'I指数均为正值，且统计量Z均超过1.96（置信水平为0.05的临界值），我国各省份的区域产学研协同度在空间上呈正相关关系，即产学研协同程度高的地区趋于和协同程度高的地区邻近，而产学研协同程度低的地区趋于和协同程度低的地区邻近，存在空间集聚特征，区域间示范辐射作用显现。10年间的全局Moran'I指数起伏波动较大，但总体表现为升中有降，相邻区域间产学研协同度趋于接近，区域间差异降低，在一定程度上佐证了泰尔指数得出的结论。

表4.6　2008～2017年区域产学研协同性全局自相关指数

年份	2008	2009	2010	2011	2012	2013	2014	2015	2016	2017
Moran'I	0.2206	0.2250	0.2250	0.2171	0.2303	0.2295	0.2463	0.2577	0.2555	0.2396
P值	0.0210	0.0260	0.0210	0.0250	0.0210	0.0210	0.0240	0.0160	0.0210	0.0240
Z值	2.3947	2.2172	2.371	2.2443	2.3112	2.3610	2.3340	2.5260	2.4090	2.3589

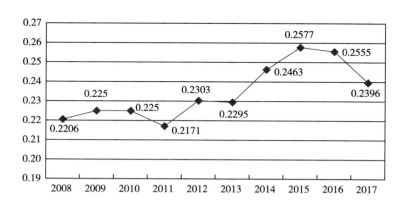

图4.2　区域产学研协同度空间自相关趋势

Moran'I 指数虽然反映了我国区域产学研协同度的从整体上空间特征，但是无法反映我国各省份与周边邻近区域的局部空间关系，因此结合由 Local Moran'I 统计量得出的 Moran 散点图（Moran Scatterplot）方法可以进一步辨析我国各省份区域产学研协同度的时空分异特性，如表 4.7 和图 4.3 所示（2009～2010 年、2011～2012 年、2013～2014 年、2015～2016 年区域产学研协同度评价值 Moran 散点图分布分别一致，故各取其中一图为代表）。

表 4.7　2008～2017 年区域产学研协同度 Moran 散点分布情况

年份	2008 年	2009～2010 年	2011～2012 年	2013～2014 年	2015～2016 年	2017 年
HH 象限	山东、江苏、浙江、上海、天津	山东、江苏、浙江、上海、天津	山东、江苏、浙江、上海、天津	山东、江苏、浙江、上海、天津	山东、江苏、浙江、上海、天津	山东、江苏、浙江、上海、天津、安徽
LH 象限	安徽、江西、福建、海南、河北	安徽、江西、福建、海南、河北、广西	安徽、江西、福建、海南、河北、广西	安徽、江西、福建、海南、河北、广西、河南	安徽、江西、福建、海南、河北、广西、河南	江西、福建、海南、河北、广西、河南、湖南
LL 象限	黑龙江、内蒙古、吉林、新疆、山西、甘肃、宁夏、青海、重庆、贵州、云南、河南、湖南	黑龙江、内蒙古、吉林、新疆、山西、甘肃、宁夏、青海、重庆、贵州、云南、河南、陕西	黑龙江、内蒙古、吉林、新疆、山西、甘肃、宁夏、青海、重庆、贵州、云南、河南、陕西、湖南	黑龙江、内蒙古、吉林、新疆、山西、甘肃、宁夏、青海、重庆、贵州、云南、湖南	黑龙江、内蒙古、吉林、新疆、山西、甘肃、宁夏、青海、重庆、贵州、云南、湖南、陕西、辽宁	黑龙江、内蒙古、吉林、新疆、山西、甘肃、宁夏、青海、重庆、贵州、云南陕西、辽宁
HL 象限	广东、北京、湖北、四川、辽宁、陕西	广东、北京、湖北、四川、辽宁、湖南	广东、北京、湖北、四川、辽宁	广东、北京、湖北、四川、辽宁、陕西	广东、北京、湖北、四川	广东、北京、湖北、四川

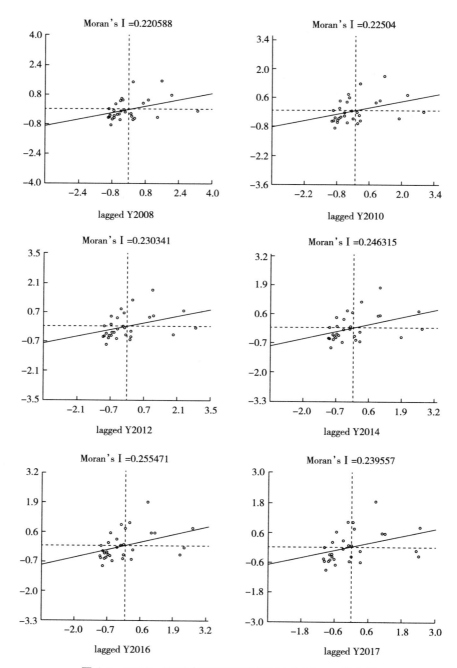

图 4. 3　2008～2017 年区域产学研协同性 **Moran** 散点图

从上述四象限的区域分布和可视化图形中可以看出，2008～2017年我国区域产学研协同性的空间集聚状态并没有随时间推移发生根本变化，空间分布模式没有显著差异，表明创新具有锁定特征，但具体到不同的区域，在不同年份发生了一些跃迁现象。具体来看：

1）高高集聚区域主要有山东、江苏、浙江、上海、天津等地区，该类区域均分布在东部沿海地区，是国家经济、科技和教育发展的核心区域，不仅自身内部产学研协同能力较强，而且邻近区域的产学研协同能力也强，创新要素、技术流动等的溢出和辐射作用明显，呈现局部产学研协同度高值集聚状态。但相较而言，长三角地区比京津冀地区高值集聚特征更加明显，说明长三角区域的产学研协同度更强。

2）低高集聚区域主要有江西、福建、海南、河北、广西、安徽、河南等，该类区域处在产学研协同度高值区向低值区过渡的区域，区域产学研协同度水平相对低于周边区域。此类区域深受虹吸效应影响，存在着资本、信息、技术、人才等创新要素向高值区扩散的趋势，而能够接收的创新辐射较少。

3）低低集聚区主要有黑龙江、内蒙古、吉林、新疆、山西、甘肃、宁夏、青海、陕西、重庆、贵州、云南等，此类区域占比较高，说明我国区域产学研协同度水平整体偏低。该类区域基本分布在中西部地区，且分布相对稳定，低端锁定现象明显。

4）高低集聚区域主要有北京、广东、湖北、四川、辽宁，分别处于京津冀地区、珠三角、中三角、西三角地区经济发展的核心地带，依靠地理条件、科技资源、人力资本、区域政策等方面的优势，其产学研协同度明显高于周边地区。

5）出现时空跃迁的区域主要有湖南、陕西等。湖南在这期间共发生三次跃迁，类型为L—L→H—L→L—L→L—H，表明进步得慢也意味着后退，相比于邻近区域，其产学研协同度呈下降趋势。陕西在这期间也发生三次跃迁，类型为H—L→L—L→H—L→L—L，始终在高低值区域和低低值区域间徘徊。陕西尽管科教资源较为丰富，其中仅重点高校就有8所，位居全国第 4，但是经济发展水平仅位于全国第 15 左右，滞后于科教发展水平，科技成果的转化率偏低，产学研协同度波动较大。

五、本章小结

本章在对已有产学研协同度指标体系和评价方法相关文献回顾的基础上，结合系统论、协同论、三重螺旋理论，同时考虑数据的可获得性、客观性和完整性，选取了学研机构子系统、企业子系统、协同效应子系统构成的区域产学研协同创新复合系统序参量指标体系，运用 Topsis—灰色关联动态耦合协调度模型测算了 2008 ~ 2017 年 30 个省份区域产学研协同创新复合系统的协同度，并进行时空差异分析。研究结果表明：第一，北京、江苏、广东、浙江、上海等东部地区产学研协同度最高，而甘肃、贵州、新疆、宁夏、海南、青海等地区产学研协同度最低；第二，区域产学研协同度呈现东高西低的非均衡发展态势，东部地区的内部差异尤其明显，同时存在空间集聚自相关特征。这为后续进一步分析协同度形成的主导因素奠定基础，也是各级政府认清区域产学研协同现状和位次，制定相应对策机制的前提。

第五章

产学研协同度与区域创新绩效的关系分析

一、研究框架

2008 年全球金融危机爆发之后，许多国家对实体经济的重新关注和加强，掀起了新一轮的科技革命浪潮，创新是保持和提升国家、区域核心竞争力的关键，大多数国家已步入由要素驱动、投资驱动转向创新驱动的经济发展阶段，我国各级政府越来越认识到产学研协同创新在创新型国家、创新型省份建设中的重要作用，采取了一系列促进产学研协同，提升创新绩效的举措。特别是随着中美贸易战的加剧和世界形势的复杂多变，以及国内矛盾向人民日益增长的美好生活需要和不平衡不充分发展之间的矛盾转化，对区域创新水平和层次提出了更高的要求，协同创新逐步取代单个主体的自主创新，产学研通过教育、科技、经济的有效结合，促进新知识的产生和新技术的产业化实现，成为当今区域创新活动的主流，被视作提升区域创新绩效的重要手段（刘友金，2017），然而关于产学研协同是否促进区域创新绩效的提升，以及产学研协同如何影响区域创新绩效研究结论并不一致。

一种观点认为产学研协同不仅能够促进三者的创新能力的提升和发展，而且对区域创新系统的发展和区域创新绩效的提升具有重要的意义。也有学者持反对观点，认为产学研协同对区域创新绩效的影响不显著，甚至产生挤出效应。关于产学研协同创新与区域创新绩效的关系尚未得到一致的结果，且现有研究多通过系统静态指标评价区域创新绩效，难以体现区域创新绩效的动态性特征，对区域产学研协同与创新绩效的关系分析就难免产生偏差。为此，本章运用双重动态激励综合评价模型对 2008~2017 年我国 30 个省份区域创新绩效进行动态评价，然后利用上一章协同度测量结果，动态分析区域产学研协同度与区域创新绩效间的关系。

二、区域创新绩效评价

（一）相关文献回顾

区域创新绩效评价是衡量区域产学研协同创新推进情况，促进区域创新系统发展的有效手段。英国学者 Freeman（1987）在研究日本的技术政策和经济绩效时发现政府的产业政策和部门在国家创新中发挥重要作用，并首次提出国家创新系统是公私部门之间的机构网络。经济合作与发展组织（OECD，1996）认为，大学和企业是国家范围内的两大知识生产和创新的核心主体。英国卡迪夫大学的 Cooke 教授于 1992 年正式提出了区域创新系统，即由在空间上相互分工与关联的企业、学研机构等构成的区域性组织系统。黄鲁成（2000）认为，区域创新系统包括在特定的经济区域内各种与创新相联系的主体要素（创新的机构和组织）、非主体要素（创新所需要的物质条件）以及协调各要素之间关系的制度和政策网络。王缉慈（2001）认为，区域创新系统是由区域内的企业、学研机构、政府等节点在区域创新环境的影响下协同作用结网创新，是区域创新网络与区域创新环境有效叠加而成的系统。王松等（2013）将区域创新系统界定为在一定区域内，为实现预定创新发展目标，企业、学研机构和政府等通过资金、人才、信息、技术投入，不断优化环境、创新产品、提升技术而形成的创新主体相互转换、创新内容相互作用、创新投入相互支撑的系统。

国家创新系统是否具有竞争力取决于内部各区域创新系统的绩效（周青等，2012）。区域创新绩效是在一定的协同创新环境下，协同创新各方投入和产出的统一体。针对产学研协同创新尚未形成统一的主导性理论，对创新绩效评价未达成一致的共识，因此关于区域创新绩效评价指标体系的构建百花齐放。学术界并于区域创新绩效评价指标体系的界定可以分为宏观和微观视角、结果和过程导向等维度。

一方面，是宏观和微观两个视角。一是宏观视角。欧盟为评价各成员国的创新绩效采用创新驱动、知识创造、创新创业、应用、产出和市场等指标。美国竞争力委员会发布《21世纪创新工作组报告》，从创新投入要素、创新执行要素、公共政策环境、创新基础设施、企业产出绩效、国家创新产出和成果六个方面构建评价指标体系（OECD，1996）。Santoro（2000）用专利数、新产品数等客观指标来衡量产学研协同创新绩效。Fan和Tang（2009）从环境、投入、产出、合作机制和效应等方面，建立产学研协同创新绩效评价指标体系。从1999年起，中国科技发展战略研究小组每年发布《中国区域创新能力评价报告》，从知识创造能力、知识获取能力、企业创新能力、创新环境、创新绩效五个方面对中国区域创新能力进行综合系统评价。朱凌和陈劲（2008）从创新资源投入指标、创新活动产出效率指标及创新运行状况指标构建区域创新绩效评价指标体系。齐昕与刘家树（2015）从企业研究开发投入综合指标、设计能力综合指标、技术合作与改造投入综合指标、新产品销售收入综合指标5个维度共24个基础指标构建指标体系对创新绩效进行测度。二是微观视角。Valentin和Jensen（2003）采用产学研合作期望与实际成果的对比、合作满意程度、合作关系持续性等主观指标衡量产学研协同创新绩效。霍妍（2009）构建了投入、过程、产出三个环节组成的合作绩效评价指标体系。孙善林和彭灿（2017）采用因子分析法构建产学研协同创新微观项目评价指标体系。

另一方面，评价存在结果和过程两个导向。一是结果导向，认为绩效是一系列工作之后所产出的成果或结果，从最终效果看绩效，往往采用客观指标来衡量。现有研究广泛使用专利数作为区域创新绩效的衡量指标，具有数据客观性强、容易获取、区域间可比性强等优势，如程慧平等（2015）将技术市场成交额、三种专利授权数作为协同创新绩效的产出指标。但是在评价区域创新的质量和知识创新的产权商业化和运用产业化水平上明显不足。为了弥补此缺陷，有些文献也利用新产品销售收入作为区域创新绩效的衡量指标，但由于新产品销售收入不仅是创新产出的结果，还同时受市场需求和企业自身管理能力等的制约。因此肖振红和范君获（2019）利用专利授权量、新产品销售收入、国外检索工具收录科技论文数、技术市场成交合同数四个指标运用主成分分析法综合测度区域创新绩效。冀梦旸（2019）从经济产出、科技产出、成果转化三个维度测量区域创新绩效。邓若冰（2019）用规模以上工业企业的新产品销售收入作为衡量区域创新绩效的指标。二是过程导向，则强调绩效是为实现组织目标而进行的一系列行为活动的过程，从创新投入转化为成果的效率和成果实现后带来的经济效益角度来理解创新绩效。例如，刘志华（2014）从协同投入、协同过程、协同产出、协同影响四个层次构建区域协同创新指标体系，将投入产出整个过程纳入绩效评价，运用云层次分析法和云模型相结合的综合评价方法，构建区域科技协同创新绩效评价模型。较多研究选择效率指标来全面客观表征区域创新绩效，避免了作为绝对指标忽略投入产出效率，因为创新投入越低，专利数、新产品销售收入等产出结果越高，显然区域创新绩效质量越好。

综合国内外关于区域创新绩效评价的研究，我们发现对于区域创新绩效评价指标体系，侧重企业创新能力的评价，忽略了对学研机构创新能力的体现，也忽视了各创新主体要素之间的协同作用；评价指标以定量指标为主，对制度、政策等定性指标鉴于数据获取难度纳入评价指标体系的较少；此外，评价指标体系庞杂、信息重叠。例如，中国科技发展战略研究小组（2018）的关于《中国区域创新能力评价报告》涉及五个方面，137个评价指标，虽然全面但数据繁杂，指标之间存在高度的关联性，可能导致信息冗余，影响评价结果的准确性。

区域产学研协同创新本质是通过区域内产学研各主体相互合作，在内外部环境的共同作用下实现既定目标的过程。本书在区域创新系统理论研究的基础上，将区域创新绩效定义为区域内企业、学研机构在政府、金融机构等协同创新环境的支持下，通过一定方式的互动协同，产生相应的创新绩效。区域创新绩效在微观层面上指企业利润增加、学研机构科研产出增加；在宏观层面上指区域经济发展水平的提升、财政收入增加。因为创新具有很强的外部性，为了更为全面地评价创新绩效，本书研究的创新绩效侧重宏观的区域层面的创新绩效。

计算区域创新绩效的方法也尚未形成一致。使用较多地为因子分析法、随机前沿分析法（SFA）、数据包络分析法（DEA）和灰色关联分析等。Li（2009）利用对数型柯布—道格拉斯生产函数方法测算了区域创新绩效及能力；刘志华（2014）运用云层次分析法和云模型相结合的综合评价方法，构建区域科技协同创新绩效评价模型；赵增耀等（2015）应用DEA方法构建模型评价区域创新效率；王建明等（2015）采用灰色关联分析对江苏省协同创新绩效进行测度；郝向举和薛琳（2018）引入模糊集定性比较分析进行产学研协同创新绩效评价，其特点不仅能够比较数值大小，而且其路径分析有助于发现绩效提升途径。其中，SFA方法不仅可以对模型中的参数进行检验，还可以对模型本身进行检验（于明洁等，2013），但当投入指标过多时，由于指标间的相关性，其结果的可靠性会受影响。而DEA法采用线性规划技术测算效率，无须设定生产函数的具体形式，避免主观性，同时计算方法简便，能够有效处理多投入、多产出条件下的效率测量，但是无法对技术有效单元进行深入比较。

综观上述评价方法得知，对区域创新绩效评价均为静态综合评价，即考察被评价对象在某一时点上的综合评价问题，缺乏对其发展趋势的动态考量。例如，《中国区域创新能力评价报告》采用宏观经济综合指标、产业结构综合指标、产业国际竞争力综合指标、就业综合指标、可持续发展与环保综合指标综合考量区域创新绩效。此外，只是以各省域为研究对象进行创新绩效的测算，缺少对创新绩效区域差异及其成因的分析。

但在现实中，我们不仅希望看到被评价对象目前的水平，用个体和对象两维来表示，也需要考虑被评价对象一段时间内的发展动态和趋势，以及相邻或相关区域创新绩效的互动影响。双激励动态综合评价方法不仅对指标进行静态综合评价，而且通过横向比较加入状态激励因子，以及通过纵向比较加入趋势激励因子，体现激励和惩罚思想的一种动态综合评价方法（张发明，2014）。张发明（2013）运用改进的动态激励模型实证分析了邮政企业发展情况。运用双激励动态综合评价方法衡量区域创新绩效，可以更加科学准确地反映区域创新绩效及其发展趋势，既能进行客观分析，也能进行相对比较，有助于挖掘创新绩效的提升途径。

针对现行区域创新绩效评价中指标体系和评价方法的不足，本书在区域创新系统理论的指导下，重新设计区域创新绩效评价指标体系，并运用双激励动态综合评价模型对各区域创新绩效进行实证分析，既考虑个体的绝对变化情况，也考虑他人与自己的相对趋势变化情况，有利于准确评价区域创新绩效。同时，对区域创新绩效的时空分异特征进行探索性分析。

（二）评价指标体系设计

区域创新绩效评价是对区域在一定时期内开展创新活动产生的绩效进行评价的过程，包括投入、转换、产出全过程。另外，本书侧重宏观角度，区域创新系统内的政府、企业、学研机构等主体融合互动构成的创新系统绩效进行评价。评价指标体系构建要遵循系统性、协同性、可行性等原则（刘志华，2014），指标数据易于采集、量化，数据来源必须可靠客观、有针对性，使评价过程尽可能简单、易操作，且具有一定的结构和层次性。

本书在分析和借鉴前人指标体系研究的基础上，从区域创新直接产出和间接产出的角度选用了区域国内发明专利申请量、第三产业占 GDP 的比重、高技术产业主营业务收入占 GDP 的比重、单位 GDP 能耗等指标表示。其中国内发明专利申请量代表着创新直接带来的知识产出；产学研协同创新影响区域经济发展的路径很多，但最根本的渠道是通过影响企业技术创新能力，进而影响经济增长（吴友群等，2014），因此用高技术产业主营业务收入占 GDP 的比重代表创新科技成果带来的经济价值；第三产业占 GDP 的比重衡量区域创新发展带来的产业转型升级成效；科技创新不仅给当下带来了一定的经济成果，还应该有利于环境改善和未来可持续发展，因此用单位 GDP 能耗衡量区域创新产生的社会效益。如表 5.1 所示。

表 5.1　区域创新绩效评价指标体系

准则层	子准则层	指标层	指标解释
区域创新绩效	创新直接绩效	国内发明专利申请量	衡量地区科技成果创造水平
		高技术产业主营业务收入占 GDP 的比重	衡量地区的高技术产业发展水平，反映地区创新深度
	创新间接绩效	第三产业占 GDP 的比重	衡量地区产业结构优化程度，反映地区创新对经济发展层次的影响
		单位 GDP 能耗	衡量地区能耗水平和可持续发展能力，反映地区创新的社会效益

（三）双激励动态综合评价模型

1. 动态激励模型

区域创新绩效评价指标体系涉及用若干种不同属性的多个指标提供的信息联合反映区域创新绩效这个综合指标的整体发展情况。我们不仅希望看到目前水平，用个体和对象两维来表示，更希望看到被评价对象一段时间内的发展动态和趋势。动态激励评价方法就是在静态评价的基础上引入激励因子，计算各时间点上被评价对象的激励水平，综合形成动态评价结果。而动态激励包括状态激励和趋势激励两个方面。状态激励是指当静态评价值落在特定的区间内，此时既不激励也不惩罚，当静态评价值落在特定的区间上，给予一定的奖励，反之给予一定的惩罚，体现奖优罚劣思想，也称显性激励。趋势激励则是从纵向维度考察被评价对象的绝对和相对发展趋势，对发展呈上升趋势的给予一定的奖励，对发展呈下降趋势的给予一定的惩罚，对发展呈平稳状态的既不激励也不惩罚，也称隐性激励，它既反映被评价对象自身纵向发展趋势，也能体现对其横向发展趋势的关注，因此评价结果更加科学、合理。

限于篇幅限制，本书仅对双激励动态评价模型进行简单梳理，具体的操作步骤可见张发明（2013）的研究。被评价对象用 s_i 表示，n 表示评价主体个数，各评价指标用 x_j 表示，m 表示评价指标个数，$x_{ij}(t_k)$ 为第 i 个被评价对象在第 t_k（$k=1, 2, \cdots, T$）时刻关于指标 x_j（$j=1, 2, \cdots, m$）的观测值，构成了由时间维、指标维、评价对象维组成的三维时序立体数据，如表5.2所示。先对原始数据 $x_{ij}(t_k)$ 进行无量纲化处理。

表5.2　三维时序立体数据

	t_1				t_2				t_T			
	x_1	x_2	$\cdots$	x_m	x_1	x_2	$\cdots$	x_m	x_1	x_2	$\cdots$	x_m
s_1	$x_{11}(t_1)$	$x_{12}(t_1)$	$\cdots$	$x_{1m}(t_1)$	$x_{11}(t_2)$	$x_{12}(t_2)$	$\cdots$	$x_{1m}(t_2)$	$x_{11}(t_T)$	$x_{12}(t_T)$	$\cdots$	$x_{1m}(t_T)$
s_2	$x_{21}(t_1)$	$x_{22}(t_1)$	$\cdots$	$x_{2m}(t_1)$	$x_{21}(t_2)$	$x_{22}(t_2)$	$\cdots$	$x_{2m}(t_2)$	$x_{21}(t_T)$	$x_{22}(t_T)$	$\cdots$	$x_{2m}(t_T)$
$\vdots$	$\vdots$	$\vdots$	$\ddots$	$\vdots$	$\vdots$	$\vdots$	$\ddots$	$\vdots$	$\vdots$	$\vdots$	$\ddots$	$\vdots$
s_n	$x_{n1}(t_1)$	$x_{n2}(t_1)$	$\cdots$	$x_{nm}(t_1)$	$x_{n1}(t_2)$	$x_{n2}(t_2)$	$\cdots$	$x_{nm}(t_2)$	$x_{n1}(t_T)$	$x_{n2}(t_T)$	$\cdots$	$x_{nm}(t_T)$

2. 显性激励动态评价模型

由于各指标观测值所提供的信息量不同，运用"熵值法"来计算被评价对象在各时刻的静态综合评价值，记 $y_i(t_k)$ 为第 i 个被评价对象在 t_k 时刻的静态综合评价值，各被评价对象在不同时刻构成的静态综合评价值矩阵为 Y。

$$Y = \begin{bmatrix} y_1(t_1) & y_1(t_2) & \cdots & y_1(t_T) \\ y_2(t_1) & y_2(t_2) & \cdots & y_2(t_T) \\ \vdots & \vdots & \ddots & \vdots \\ y_n(t_1) & y_n(t_2) & \cdots & y_n(t_T) \end{bmatrix}$$

一般来说，取 T 个时期内的平均数作为对 i 个被评价对象的综合评价值，但是社会系统中的多数问题不仅是简单的信息处理问题，还需要考虑趋势变化，还要融入管理者的管理手段。基于此，对被评价对象从显性激励的角度进行考虑，应采用显性激励评价方法（马赞福等，2009）。

步骤 1：令 $\mu^{\max}$、$\mu^{\min}$、$\bar{\mu}$ 为被评价对象的平均最大增益、平均最小增益及平均增益。其计算公式为：

$$\begin{cases} \mu^{\max} = \max_i \left(\dfrac{1}{T-1} \sum_{k=1}^{T-1} y_i(t_{k+1}) - y_i(t_k) \right) \\ \mu^{\min} = \min_i \left(\dfrac{1}{T-1} \sum_{k=1}^{T-1} y_i(t_{k+1}) - y_i(t_k) \right) \\ \bar{\mu} = \dfrac{1}{n(T-1)} \sum_{i=1}^{n} \sum_{k=1}^{T-1} (y_i(t_{k+1}) - y_i(t_k)) \end{cases} \tag{5.1}$$

步骤 2：令 μ^+、μ^- 为被评价对象优劣增益水平，计算公式为：

$$\begin{cases} \mu^+ = \bar{\mu} + (\mu^{\max} - \bar{\mu}) k^+ \\ \mu^- = \bar{\mu} - (\bar{\mu} - \mu^{\min}) k^- \end{cases} \tag{5.2}$$

式中，k^+，k^- 为相应的浮动系数，k^+，$k^- \in (0, 1]$ 代表着决策者对评价对象整体发展情况的心理预期。

在得到优劣增益水平 μ^+，μ^- 之后，将它们代入如下公式：

$$\begin{cases} \mu^+ = y_i^+(t_k) - y_i(t_{k-1}) \\ \mu^- = y_i^-(t_k) - y_i(t_{k-1}) \end{cases} \quad (k = 2, 3, \cdots, T) \tag{5.3}$$

此时通过反推的方式即可求出优劣激励点 $y_i^+(t_k)$，$y_i^-(t_k)$。

步骤 3：令 $\vartheta_i^+(t_k)$ 和 $\vartheta_i^-(t_k)$ 为被评价对象 s_i 在第 t_k 时刻获得的优激励量和劣激励量，其计算公式为：

$$\vartheta_i^+(t_k) = \begin{cases} y_i(t_k) - y_i^+(t_k) & y_i(t_k) > y_i^+(t_k) \\ 0 & \text{其他} \end{cases} \tag{5.4}$$

或者

$$\vartheta_i^-(t_k) = \begin{cases} y_i^-(t_k) - y_i(t_k) & y_i^-(t_k) > y_i(t_k) \\ 0 & \text{其他} \end{cases}$$

步骤4：令 h^+、$h^-(h^+, h^- > 0)$ 分别为优、劣激励因子，则被评价对象在第 t_k 时刻的"显性激励"评价值为 $z_i^\otimes(t_k)$。

$$z_i^\otimes(t_k) = h^+ \vartheta_i^+(t_k) + y_i(t_k) - h^- \vartheta_i^-(t_k) \tag{5.5}$$

式中，$h^+ \vartheta_i^+(t_k)$ 和 $h^- \vartheta_i^-(t_k)$ 分别表示被评价对象获得的优激励值和劣激励值；$y_i(t_k)$ 为被评价对象 s_i 在第 t_k 时刻的原始静态评价值 $\vartheta_i^+(t_k) \times \vartheta_i^-(t_k) = 0$，$\forall t_k(k = 1, 2, \cdots, T)$。

3. 隐性激励动态评价模型

步骤5：令 $\Delta_i(t_k)$ 表示被评价对象 s_i 在第 t_k 时刻的绝对增长率，$\Delta'_i(t_k)$ 表示被评价对象 s_i 在第 t_k 时刻的相对增长率，则被评价对象 s_i 在 t_{k-1} 至 t_k 阶段的隐性激励评价值为 $z_i^\odot(t_k)$。

$$\begin{cases} z_i^\odot(t_k) = y_i(t_k)\left(1 + \dfrac{\alpha}{1 + e^{-\Delta_i(t_k)}} + \dfrac{\beta}{1 + e^{-\Delta'_i(t_k)}}\right) \\ \Delta_i(t_k) = \dfrac{y_i(t_k) - y_i(t_{k-1})}{t_k - t_{k-1}} \\ \Delta'_i(t_k) = \dfrac{(n-1)\Delta_i(t_k)}{\sum\limits_{j=1, j\neq i}^{n} \Delta_j(t_k)} \end{cases} \tag{5.6}$$

式中，α，β 为参数，且要求 $\alpha + \beta \geq -1$；$\dfrac{\alpha}{1 + e^{-\Delta_i(t_k)}}$ 为绝对增长率激励系数，表示被评价对象 s_i 在 t_{k-1} 至 t_k 时段的绝对增长趋势的激励程度，$\dfrac{\beta}{1 + e^{-\Delta'_i(t_k)}}$ 为相对增长率激励系数，表示被评价对象 s_i 在 t_{k-1} 至 t_k 时段内的相对于其余被评价对象 $s_i(j = 1, 2, \cdots, n, j \neq i)$ 增长趋势所获得的激励程度，其中 $\Delta_i(t_1) = \Delta'_i(t_1) = 0$。

步骤6：将显性激励评价值 $z_i^{\otimes}(t_k)$ 与隐性激励评价值 $z_i^{\odot}(t_k)$ 进行算术融合，称融合后的综合评价值 $z_i^{**}(t_k)$ 为被评价对象 s_i 在 t_{k-1} 至 t_k 时刻的"内"双激励综合评价值。

$$z_i^{**}(t_k) = h^+ \vartheta_i^+(t_k) + y_i(t_k) - h^- \vartheta_i^-(t_k) +$$

$$y_i(t_k)\left(1 + \frac{\alpha}{1 + e^{-\Delta_i(t_k)}} + \frac{\beta}{1 + e^{-\Delta'_i(t_k)}}\right) \tag{5.7}$$

为体现"激励和引导"的思想，对激励因子和激励参数的设定是关键，模型中总共有 h^+、h^-、α、β 四个待定参数，根据4个约束规则确定。

（1）双激励总量比例性规则。即对于 n 个评价对象总体来说，要求显性激励总量与隐性激励总量成比例，即

$$\varepsilon = \frac{h^+ \sum\limits_{i=1}^{n} \sum\limits_{k=1}^{T} \vartheta_i^+(t_k) + h^- \sum\limits_{i=1}^{n} \sum\limits_{k=1}^{T} \vartheta_i^-(t_k)}{\sum\limits_{i=1}^{n} \sum\limits_{k=1}^{T} y_i(t_k)\left(\frac{\alpha}{1 + e^{-\Delta_i(t_k)}} + \frac{\beta}{1 + e^{-\Delta'_i(t_k)}}\right)} \tag{5.8}$$

式中，参数 ε 根据决策者对显性激励或隐性激励的偏好来确定，一般取值 $\varepsilon \in [1/5, 5]$。

（2）双激励适度原则。要求显性激励因子和隐性激励因子的和为1，即

$$h^+ + h^- + \sum\limits_{i=1}^{n} \sum\limits_{k=1}^{T} \frac{\alpha}{1 + e^{-\Delta_i(t_k)}} + \sum\limits_{i=1}^{n} \sum\limits_{k=1}^{T} \frac{\beta}{1 + e^{-\Delta'_i(t_k)}} = 1 \tag{5.9}$$

（3）绝对激励与相对激励总量比例性原则。要求被评价对象获得的绝对激励总量与相对激励总量成比例，即

$$r = \frac{\sum\limits_{i=1}^{n} \sum\limits_{k=1}^{T} y_i(t_k) \dfrac{\alpha}{1 + e^{-\Delta_i(t_k)}}}{\sum\limits_{i=1}^{n} \sum\limits_{k=1}^{T} y_i(t_k) \dfrac{\beta}{1 + e^{-\Delta'_i(t_k)}}} \tag{5.10}$$

式中，参数 r 根据决策者对绝对激励或相对激励的偏好来确定，一般取值 $r \in [1/5, 5]$。

（4）优劣激励总量守恒原则。即对于 n 个评价对象总体来说，要求优激励总量与劣激励总量是相等的，即

$$h^+ \sum_{i=1}^{n} \sum_{k=1}^{T} \vartheta_i^+(t_k) = h^- \sum_{i=1}^{n} \sum_{k=1}^{T} \vartheta_i^-(t_k) \qquad (5.11)$$

联立式（5.8）～式（5.11），求解出参数 h^+、h^-、α、β，即可确定对应的双激励模型。

（四）区域创新绩效计算

本书以 2008～2017 年为时间节点，以 30 个省份为研究对象（由于西藏、港澳台地区信息获取困难等原因暂未纳入研究范围），运用双激励动态综合评价方法对其 2008～2017 年的区域创新绩效进行动态评价和结果分析。

1. 静态综合评价过程

（1）数据来源。指标体系的数据主要源于相应年份的《中国统计年鉴》、《中国科技统计年鉴》、《中国高技术产业统计年鉴》和中国综合社会调查网站的数据资料。对于个别缺失值采用插值法进行处理。由于篇幅限制，原始数据略。

（2）计算静态综合评价值。首先，对原始数据采用 Min – max 归一化方法进行无量纲化处理；其次，对区域创新绩效的 4 个维度的量化指标，运用熵值法进行赋权，计算求得被评价对象 s_i 在第 t_k 时刻区域创新绩效的静态综合评价值。如表 5.3 所示。

表 5.3　2008～2017 年区域创新绩效静态综合评价值及排名

地区	2008 年		2009 年		2010 年		2011 年		2012 年	
	数值	排名	数值	排名	数值	排名	数值	排名	数值	排名
北京	0.459	2	0.466	2	0.472	2	0.483	3	0.493	3
天津	0.412	6	0.415	6	0.417	7	0.421	7	0.427	7
河北	0.384	23	0.387	23	0.391	23	0.395	23	0.399	23
山西	0.376	28	0.378	28	0.382	27	0.385	27	0.390	27
内蒙古	0.383	26	0.385	26	0.386	26	0.388	26	0.390	26
辽宁	0.397	14	0.400	14	0.403	13	0.407	13	0.413	12
吉林	0.394	18	0.396	18	0.397	19	0.400	20	0.403	20
黑龙江	0.391	20	0.395	20	0.399	17	0.402	19	0.405	19

续表

地区	2008 年		2009 年		2010 年		2011 年		2012 年	
	数值	排名	数值	排名	数值	排名	数值	排名	数值	排名
上海	0.444	3	0.451	4	0.455	4	0.462	4	0.469	4
江苏	0.443	4	0.452	3	0.467	3	0.484	2	0.503	2
浙江	0.420	5	0.426	5	0.433	5	0.442	5	0.449	5
安徽	0.396	16	0.398	16	0.400	16	0.404	15	0.409	16
福建	0.407	8	0.410	8	0.413	8	0.416	8	0.421	8
江西	0.397	13	0.399	15	0.400	15	0.404	16	0.407	18
山东	0.408	7	0.415	7	0.422	6	0.431	6	0.441	6
河南	0.390	22	0.393	21	0.396	21	0.403	17	0.411	15
湖北	0.398	11	0.402	11	0.405	11	0.410	10	0.414	10
湖南	0.399	10	0.403	10	0.405	10	0.409	11	0.414	11
广东	0.471	1	0.484	1	0.498	1	0.511	1	0.523	1
广西	0.394	17	0.396	17	0.397	20	0.399	21	0.402	21
海南	0.401	9	0.404	9	0.406	9	0.406	14	0.409	17
重庆	0.393	19	0.396	19	0.398	18	0.403	18	0.411	14
四川	0.396	15	0.400	13	0.404	12	0.410	9	0.418	9
贵州	0.384	24	0.387	24	0.389	24	0.394	24	0.396	24
云南	0.390	21	0.392	22	0.394	22	0.398	22	0.400	22
陕西	0.397	12	0.400	12	0.403	14	0.407	12	0.411	13
甘肃	0.383	25	0.385	25	0.387	25	0.391	25	0.393	25
青海	0.371	29	0.373	29	0.376	30	0.374	30	0.376	30
宁夏	0.367	30	0.371	30	0.376	29	0.378	29	0.381	29
新疆	0.379	27	0.380	27	0.381	28	0.383	28	0.384	28

地区	2013 年		2014 年		2015 年		2016 年		2017 年	
	数值	排名	数值	排名	数值	排名	数值	排名	数值	排名
北京	0.496	3	0.502	3	0.528	3	0.542	3	0.560	3
天津	0.431	7	0.433	7	0.439	9	0.443	9	0.445	13
河北	0.401	23	0.404	23	0.412	22	0.415	22	0.420	21
山西	0.393	27	0.396	27	0.405	26	0.407	26	0.405	27
内蒙古	0.394	26	0.396	26	0.399	27	0.401	27	0.406	26

地区	2013 年		2014 年		2015 年		2016 年		2017 年	
	数值	排名	数值	排名	数值	排名	数值	排名	数值	排名
辽宁	0.417	14	0.419	15	0.428	15	0.432	15	0.435	16
吉林	0.407	21	0.408	21	0.414	21	0.418	20	0.424	20
黑龙江	0.408	19	0.412	18	0.421	17	0.424	17	0.427	17
上海	0.469	4	0.474	4	0.490	4	0.496	4	0.497	5
江苏	0.510	2	0.520	2	0.559	2	0.576	2	0.582	2
浙江	0.452	5	0.458	6	0.481	5	0.490	5	0.497	4
安徽	0.415	15	0.421	14	0.440	8	0.452	7	0.450	9
福建	0.422	9	0.424	11	0.433	13	0.439	13	0.446	11
江西	0.409	18	0.412	19	0.417	19	0.422	19	0.425	19
山东	0.451	6	0.459	5	0.477	6	0.485	6	0.487	6
河南	0.419	13	0.424	13	0.435	11	0.442	10	0.448	10
湖北	0.421	12	0.426	9	0.437	10	0.441	11	0.451	8
湖南	0.421	11	0.425	10	0.435	12	0.439	12	0.445	12
广东	0.527	1	0.536	1	0.566	1	0.588	1	0.619	1
广西	0.407	20	0.410	20	0.418	18	0.423	18	0.426	18
海南	0.413	17	0.414	17	0.415	20	0.416	21	0.418	22
重庆	0.421	10	0.424	12	0.431	14	0.437	14	0.443	14
四川	0.425	8	0.431	8	0.443	7	0.451	8	0.457	7
贵州	0.401	24	0.402	24	0.406	24	0.410	24	0.412	24
云南	0.404	22	0.406	22	0.410	23	0.412	23	0.414	23
陕西	0.414	16	0.418	16	0.427	16	0.431	16	0.436	15
甘肃	0.397	25	0.399	25	0.405	25	0.408	25	0.411	25
青海	0.379	30	0.381	30	0.385	30	0.387	30	0.391	30
宁夏	0.383	29	0.385	29	0.387	29	0.389	29	0.392	29
新疆	0.387	28	0.387	28	0.391	28	0.391	28	0.392	28

2. 双激励动态综合评价过程

（1）运用式（5.1）求出被评价对象的平均最大增益、平均最小增益及平均增益，分别为 $\mu^{max} = 0.164$、$\mu^{min} = -0.122$、$\bar{\mu} = 0.020$。

（2）征求相关专家意见，对其敏感度进行分析后，令双激励评价模型中的 k^+、k^- 值均为0.3，运用式（5.2）求出优劣增益水平 $\mu^+ = 0.063$、$\mu^- = -0.022$。进而根据式（5.3）和式（5.4）求得被评价对象 s_i 在第 t_k 时刻获得的优劣激励量 $\vartheta_i^+ (t_k)$ 和 $\vartheta_i^- (t_k)$（鉴于篇幅限制，具体数据略）。

（3）运用式（5.6）计算被评价对象 s_i 在第 t_k 时刻的绝对增长率 $\Delta_i (t_k)$ 和相对增长率 $\Delta'_i (t_k)$（鉴于篇幅限制，具体数据略）。

（4）依据双激励规则，运算得到相应的参数值 $\alpha = 0.0014$、$\beta = 0.0004$、$h^+ = 0.8829$、$h^- = 0.1171$（鉴于重点考察评价对象自身纵向的趋势变化比较更具有实质性意义，令 $\varepsilon = 0.4$、$r = 3$）。

（5）计算双激励动态综合评价值。将 h^+、h^-、α、β 代入模型，运用式（5.5）和式（5.6）计算显性激励值和隐性激励值。再运用式（5.7）将显性激励评价值和隐性激励评价值进行算术融合。计算结果如表5.4所示。

表5.4 2008～2017年各区域创新绩效双激励动态综合评价值及排名

地区	2008年		2009年		2010年		2011年		2012年	
	数值	排名	数值	排名	数值	排名	数值	排名	数值	排名
北京	0.460	2	0.466	2	0.472	2	0.483	3	0.493	3
天津	0.413	6	0.415	6	0.418	7	0.422	7	0.427	7
河北	0.385	23	0.388	23	0.391	23	0.395	23	0.399	23
山西	0.376	28	0.378	28	0.382	27	0.385	27	0.390	27
内蒙古	0.383	26	0.385	26	0.386	26	0.388	26	0.390	26
辽宁	0.397	14	0.400	14	0.403	13	0.408	13	0.413	12
吉林	0.394	18	0.396	18	0.397	19	0.400	20	0.403	20
黑龙江	0.391	20	0.396	20	0.399	17	0.403	19	0.406	19
上海	0.444	3	0.451	4	0.456	4	0.462	4	0.469	4
江苏	0.443	4	0.453	3	0.468	3	0.485	2	0.504	2

续表

地区	2008 年		2009 年		2010 年		2011 年		2012 年	
	数值	排名	数值	排名	数值	排名	数值	排名	数值	排名
浙江	0.420	5	0.426	5	0.434	5	0.442	5	0.450	5
安徽	0.396	16	0.398	16	0.400	16	0.405	15	0.409	16
福建	0.408	8	0.410	8	0.413	8	0.417	8	0.421	8
江西	0.397	13	0.399	15	0.400	15	0.404	16	0.407	18
山东	0.409	7	0.415	7	0.423	6	0.432	6	0.442	6
河南	0.390	22	0.393	21	0.396	21	0.404	17	0.411	15
湖北	0.399	11	0.402	11	0.405	11	0.410	10	0.415	10
湖南	0.400	10	0.403	10	0.405	10	0.410	11	0.415	11
广东	0.472	1	0.484	1	0.498	1	0.512	1	0.524	1
广西	0.395	17	0.397	17	0.397	20	0.399	21	0.402	21
海南	0.402	9	0.404	9	0.406	9	0.407	14	0.409	17
重庆	0.394	19	0.396	19	0.398	18	0.404	18	0.411	14
四川	0.397	15	0.400	13	0.404	12	0.411	9	0.418	9
贵州	0.385	24	0.387	24	0.390	24	0.394	24	0.396	24
云南	0.391	21	0.392	22	0.394	22	0.399	22	0.400	22
陕西	0.398	12	0.401	12	0.403	14	0.408	12	0.411	13
甘肃	0.384	25	0.386	25	0.387	25	0.391	25	0.394	25
青海	0.371	29	0.373	29	0.376	30	0.374	30	0.376	30
宁夏	0.367	30	0.371	30	0.377	29	0.378	29	0.381	29
新疆	0.379	27	0.380	27	0.381	28	0.383	28	0.384	28

地区	2013 年		2014 年		2015 年		2016 年		2017 年	
	数值	排名	数值	排名	数值	排名	数值	排名	数值	排名
北京	0.497	3	0.503	3	0.529	3	0.543	3	0.561	3
天津	0.431	7	0.433	7	0.439	9	0.443	9	0.445	13
河北	0.402	23	0.404	23	0.412	22	0.416	22	0.421	21
山西	0.393	27	0.396	27	0.405	26	0.407	26	0.405	27
内蒙古	0.395	26	0.397	26	0.399	27	0.402	27	0.407	26
辽宁	0.417	14	0.419	15	0.429	15	0.432	15	0.435	16
吉林	0.407	21	0.408	21	0.414	21	0.419	20	0.424	20

地区	2013 年		2014 年		2015 年		2016 年		2017 年	
	数值	排名	数值	排名	数值	排名	数值	排名	数值	排名
黑龙江	0.409	19	0.412	18	0.421	17	0.424	17	0.427	17
上海	0.469	4	0.474	4	0.490	4	0.497	4	0.497	5
江苏	0.511	2	0.520	2	0.574	1	0.577	2	0.582	2
浙江	0.452	5	0.458	6	0.481	5	0.490	5	0.498	4
安徽	0.416	15	0.422	14	0.441	8	0.452	7	0.450	9
福建	0.423	9	0.424	11	0.433	13	0.439	12	0.446	11
江西	0.410	18	0.412	19	0.418	19	0.422	19	0.425	19
山东	0.452	6	0.460	5	0.478	6	0.486	6	0.488	6
河南	0.419	13	0.424	12	0.435	11	0.442	10	0.448	10
湖北	0.421	12	0.426	9	0.437	10	0.442	11	0.451	8
湖南	0.421	11	0.425	10	0.435	12	0.439	13	0.445	12
广东	0.528	1	0.537	1	0.572	2	0.589	1	0.626	1
广西	0.407	20	0.411	20	0.419	18	0.423	18	0.426	18
海南	0.414	17	0.414	17	0.415	20	0.416	21	0.418	22
重庆	0.422	10	0.424	13	0.432	14	0.438	14	0.444	14
四川	0.425	8	0.431	8	0.443	7	0.451	8	0.458	7
贵州	0.401	24	0.402	24	0.407	24	0.410	24	0.412	24
云南	0.405	22	0.406	22	0.410	23	0.412	23	0.415	23
陕西	0.414	16	0.418	16	0.427	16	0.432	16	0.436	15
甘肃	0.398	25	0.399	25	0.405	25	0.408	25	0.411	25
青海	0.380	30	0.381	30	0.385	30	0.387	30	0.391	30
宁夏	0.383	29	0.385	29	0.387	29	0.390	29	0.392	29
新疆	0.387	28	0.387	28	0.391	28	0.392	28	0.392	28

（6）同时对 T 个时点信息进行集结，通过 $z_i = \sum_{k=1}^{n} \tau_k z_i(t_k)$ 集结算法得到第 i 个被评价对象在 T 个时刻带激励特征的总动态综合评价值（其中，τ_k 为时间因子，取 $\{\tau_k\}$ 为递增型序列（令 $\tau_k = e^{k/2N}$），体现"厚今薄古"思想），如表 5.5 所示。

表5.5 2017年各区域创新绩效组合评价值

省份	组合评价值	省份	组合评价值	省份	组合评价值
广东	0.5406	湖南	0.4219	吉林	0.4077
江苏	0.5185	安徽	0.4217	云南	0.4035
北京	0.5051	河南	0.4193	河北	0.4029
上海	0.4736	重庆	0.4186	贵州	0.3999
浙江	0.4587	辽宁	0.4172	甘肃	0.3976
山东	0.4522	陕西	0.4167	内蒙古	0.3942
天津	0.4301	海南	0.4113	山西	0.3933
四川	0.4268	江西	0.4109	新疆	0.3864
福建	0.4250	黑龙江	0.4104	宁夏	0.3823
湖北	0.4232	广西	0.4092	青海	0.3803

由表5.5可见，我国区域创新绩效差异非常大。广东、江苏、北京、上海、浙江、山东等属于第一方阵，创新绩效水平较高；贵州、甘肃、内蒙古、山西、新疆、宁夏、青海等属于末端方阵，且都属于中西部地区，创新水平低，区域间不平衡现象严重。

3. 静态评价和动态评价结果对比分析

历年各区域创新绩效排名动态评价结果相对于静态评价结果比较如表5.6所示。结果显示差异并不大，仅在2014年的河南和重庆、2015年的江苏和广东、2016年的福建和湖南位次略微有些变化。

表5.6 部分地区创新绩效动态评价与静态评价排名比较

动静态比较	2014年			2015年			2016年		
	动态排名	静态排名	变化	动态排名	静态排名	变化	动态排名	静态排名	变化
江苏	2	2	0	1	2	-1	2	2	0
福建	11	11	0	13	13	0	12	13	-1
河南	12	13	-1	11	11	0	10	10	0
湖南	10	10	0	12	12	0	13	12	1
广东	1	1	0	2	1	1	1	1	0
重庆	13	12	1	14	14	0	14	14	0

（1）双重激励模型既考虑了被评价对象在不同时间点相对增益水平的差异，又考虑了一段时间内的相对变化趋势，一系列参数的确定也能体现

决策者在其中的激励和引导作用，因此能够更加全面准确地反映历年各区域创新绩效。

（2）静态评价结果和动态评价结果显示的各省份之间排名基本不变，这反映了各区域创新绩效之间差异较大，即使是考虑激励因素，依然难以影响各省份之间的排名，说明区域创新的均衡发展任重道远。

（3）动态综合评价结果与历年区域创新能力评价报告结果相近，而且运用了更简化的指标，说明选取的指标具有较好的代表性。完善区域创新绩效评价不仅可以准确评价区域创新发展情况，而且有助于未来创新政策的调整。

（五）区域创新绩效时空差异分析

为进一步分析区域创新绩效的空间差异情况，将区域创新绩效分解为东、中、西部地区作进一步分析。如表 5.7 所示，从全国整体角度来看，国家实施创新发展战略以来，我国区域创新绩效呈现逐年递增态势；从三大区域角度来看，东部地区的创新绩效远高于全国平均水平，2017 年为0.491，而中部和西部地区则低于全国平均水平，其中西部地区最低，2017 年为 0.416。

表 5.7　2008 ~ 2017 年三大区域创新绩效评价结果

年份	2008	2009	2010	2011	2012	2013	2014	2015	2016	2017
东部地区	0.422	0.428	0.434	0.442	0.450	0.454	0.458	0.475	0.484	0.491
中部地区	0.393	0.395	0.398	0.402	0.407	0.412	0.415	0.425	0.431	0.434
西部地区	0.385	0.388	0.390	0.393	0.396	0.401	0.404	0.409	0.413	0.416
全国	0.401	0.405	0.408	0.413	0.419	0.423	0.427	0.438	0.444	0.449

1. 区域创新绩效泰尔指数分析

依据泰尔指数分解法，分别计算 2008 ~ 2017 年区域创新绩效的整体泰尔指数，并按照东部、中部和西部三大区域进行分解，对其整体、区域内、区域间差异和贡献率进行分析。计算结果如表 5.8 和图 5.1、图 5.2所示。

表 5.8 2008～2017 年区域创新绩效空间差异及其分解结果

	年份	2008	2009	2010	2011	2012	2013	2014	2015	2016	2017
区域内	区域内差异	0.009	0.010	0.012	0.015	0.018	0.018	0.020	0.029	0.035	0.041
	东部差异	0.008	0.009	0.011	0.013	0.015	0.015	0.017	0.025	0.030	0.035
	中部差异	0.000	0.000	0.000	0.000	0.000	0.001	0.001	0.001	0.001	0.002
	西部差异	0.001	0.001	0.001	0.001	0.002	0.002	0.003	0.003	0.004	0.004
	区域内贡献率（%）	51.5	51.4	50.4	51.9	52.2	54.1	55.5	56.8	58.4	60.0
	东部贡献率（%）	42.6	43.8	44.6	45.5	45.5	45.8	46.6	48.4	49.6	51.2
	中部贡献率（%）	2.41	2.19	1.57	1.45	1.29	1.80	1.96	2.06	2.33	2.44
	西部贡献率（%）	6.50	5.37	4.23	4.94	5.40	6.58	6.92	6.40	6.52	6.34
区域间	区域间差异	0.009	0.01	0.012	0.014	0.016	0.015	0.016	0.022	0.025	0.027
	区域间贡献率（%）	48.5	48.6	49.6	48.1	47.8	45.9	44.5	43.2	41.6	40.0
	总体差异	0.02	0.02	0.02	0.03	0.03	0.03	0.04	0.05	0.06	0.07

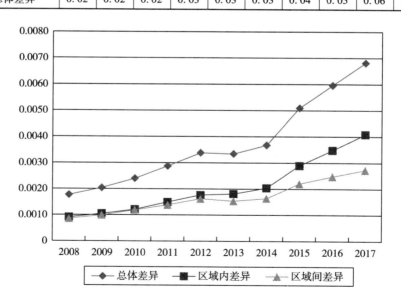

图 5.1 2008～2017 年区域创新绩效泰尔指数趋势

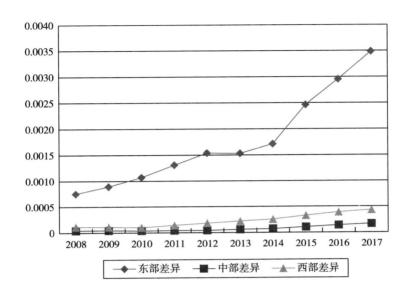

图 5.2 2008～2017 年区域创新绩效区域内差异贡献比较

根据上述图表中泰尔指数的变动趋势及不同区域的演变轨迹可以看出：整体上，我国各省份的区域创新绩效泰尔指数呈逐年缓慢上升趋势，表明自国家创新驱动发展战略实施以来，尽管各省份逐渐加大协同创新，创新绩效整体水平均有上升，然而创新虹吸效应大于扩散效应，导致差距逐步拉大。就区域而言，区域内差异对总体差异的贡献率远高于区域间差异对总体差异的贡献率，表明我国区域创新绩效差异主要受区域内差异的影响，而东部、中部、西部三大区域间差异变化基本不大。同时，区域内差异对总体差异的贡献率上升，而区域间的差异对总体差异的贡献率呈波动式下降，表明中西部地区内部创新发展不平衡有所加剧。此外，在区域内差异中，东部地区间的差异最为突出，对总体差异的贡献率在50%左右。

2. 区域创新绩效空间自相关分析

为进一步描述创新绩效评价值分布的时空特点，同样采用全局空间自相关 Moran' I 和局部空间自相关 Local Moran' I 探讨区域创新绩效的总体格局分异特征和具体区域的空间异质性。

通过运行 GeoDa1.6.7 得到 2008～2017 年区域创新绩效的全局 Moran 指数，如表 5.9 和图 5.3 所示。P 值均通过显著性检验，表明区域创新绩效存在自相关现象，但是自相关系数呈逐年下降态势，说明区域间分化现象严重，也进一步验证了泰尔指数的结论。

表 5.9　2008～2017 年区域产创新绩效全局自相关指数

年份	2008	2009	2010	2011	2012	2013	2014	2015	2016	2017
Moran' I	0.301	0.290	0.281	0.2703	0.274	0.261	0.260	0.268	0.257	0.207
P 值	0.009	0.007	0.009	0.008	0.01	0.013	0.017	0.009	0.01	0.029
Z 值	3.0573	3.0342	2.8283	2.8389	2.6917	2.6661	2.4602	2.6845	2.7305	2.2591

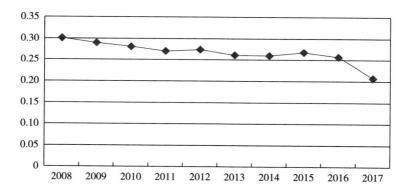

图 5.3　2008～2017 年区域创新绩效全局自相关趋势

为进一步分析具体的区域空间分异特征，通过局部空间自相关 Local Moran' I 分析，得出各象限分布如表 5.10 和图 5.4 所示。

表 5.10　2008～2017 年区域创新绩效 Moran 散点分布情况

年份	2008～2012	2013～2014	2015	2016	2017
HH 象限	山东、江苏、浙江、上海、福建、天津	山东、江苏、浙江、上海、天津	山东、江苏、浙江、上海、天津、安徽	山东、江苏、浙江、上海、安徽	山东、江苏、浙江、上海、安徽

续表

年份	2008～2012	2013～2014	2015	2016	2017
LH象限	安徽、江西、湖南、广西、海南、河北	安徽、江西、湖南、广西、海南、河北、福建	江西、湖南、广西、海南、河北、福建	江西、湖南、广西、海南、河北、福建、天津	江西、湖南、广西、海南、河北、福建、天津
LL象限	黑龙江、内蒙古、吉林、新疆、山西、甘肃、宁夏、青海、陕西、贵州、云南、四川、湖北、重庆、辽宁、河南	黑龙江、内蒙古、吉林、新疆、山西、甘肃、宁夏、青海、陕西、贵州、云南、湖北、重庆、辽宁、河南	黑龙江、内蒙古、吉林、新疆、山西、甘肃、宁夏、青海、陕西、贵州、云南、湖北、重庆、辽宁、河南	黑龙江、内蒙古、吉林、新疆、山西、甘肃、宁夏、青海、陕西、贵州、云南、湖北、重庆、辽宁、河南	黑龙江、内蒙古、吉林、新疆、山西、甘肃、宁夏、青海、陕西、贵州、云南、重庆、辽宁、河南
HL象限	广东、北京	广东、北京、四川	广东、北京、四川	广东、北京、四川	广东、北京、四川、湖北

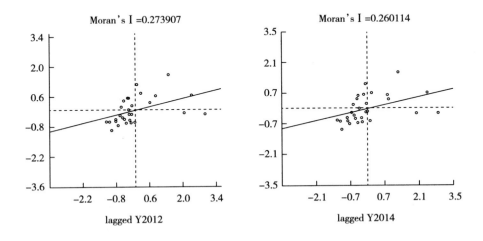

图5.4　2008～2017年区域创新绩效评价值Moran散点图

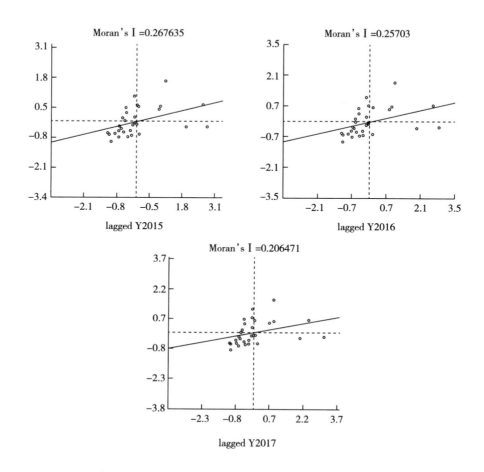

图 5.4　2008～2017 年区域创新绩效评价值 Moran 散点图（续）

从上述表格和可视化图形中可以看出，2008～2017 年我国区域创新绩效的空间集聚状态没有随时间推移发生根本变化，空间分布模式没有显著差异，具体来看：

（1）高高集聚区域主要有山东、江苏、浙江、上海、天津、安徽等地区，该类区域除安徽，其余均分布在东部沿海地区。安徽始终坚持创新作为引领发展的第一动力，持续增加研发经费投入，加速科技成果转化、支持战略性新兴产业、高技术企业快速发展，区域创新绩效得到了显著提升。

（2）低高集聚区域主要有江西、湖南、广西、海南、河北等地，该类区域处在周边高值区域的包围内，存在着资金、人才等创新资源严重外流的现象，影响了区域创新绩效的提升。

（3）低低集聚区主要有黑龙江、内蒙古、吉林、新疆、山西、甘肃、宁夏、青海、陕西、重庆、湖北、贵州、云南、河南等地，该类区域基本分布在中西部地区，且区域占比较高，说明我国区域创新绩效的提升还有广阔空间。

（4）高低集聚区域主要有北京、广东、四川等地。北京、广东凭借着政策、资源、资金、地理位置等全方位的优势，始终遥遥领先。四川也逐渐由低低集聚区域跃迁至高低集聚区域，四川科技资源丰富，创新创业环境日趋完善，筑巢引凤，总部经济发展迅速，创新要素和产业集聚发展趋势明显，近年来带来了区域创新绩效的迅速提升。

为了进一步了解协同度和区域创新绩效间的空间分布差异，现利用集结评价结果对两者的空间分布作一个对比分析。

通过表5.11和图5.5、图5.6的对比分析发现，我国区域产学研协同性分布与区域创新绩效状况呈现近似的空间格局，并且都有明显的东、中、西部差异性，可以初步推断它们之间存在一定的相关性，接下来进一步通过统计学检验方法分析两者的统计相关性。

表5.11　区域创新绩效和产学研协同度 Moran 散点分布情况（2017 年集结值）

	协同度组合评价值	区域创新绩效组合评价值
HH 象限	山东、江苏、浙江、上海、天津	山东、江苏、浙江、上海、天津
LH 象限	安徽、江西、福建、海南、广西、河北、河南	安徽、江西、福建、海南、广西、河北、湖南
LL 象限	黑龙江、内蒙古、吉林、新疆、山西、甘肃、宁夏、青海、重庆、贵州、云南、陕西、湖南	黑龙江、内蒙古、吉林、新疆、山西、甘肃、宁夏、青海、重庆、贵州、云南、陕西、河南、辽宁、湖北
HL 象限	广东、北京、四川、辽宁、湖北	广东、北京、四川

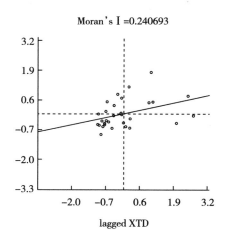

图 5.5　产学研协同性集结评价值 Moran 散点图

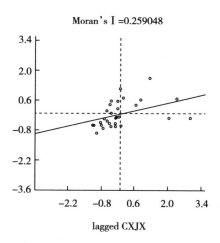

图 5.6　创新绩效集结评价值 Moran 散点图

三、产学研协同度与区域创新绩效的
关系实证分析

（一）研究假设和研究方法

伴随产学研协同创新重要性的日趋强化，围绕着产学研之间的协同性与创新绩效间的关系、协同模式的选择等方面的研究也日趋增多。Saxenian（1998）通过一系列案例研究发现区域组织间的合作强度与区域创新绩效之间呈现正相关关系。Cainelli 等（2007）认为，高协同度有助于建立互惠、互利及共享的机制，推动组织间的劳动力流动、社会交往、信息共享、知识溢出，提高知识转移数量和质量，促进创新要素扩散与创新产出的增加。于明洁等（2013）认为，产学研间的链接强度有助于提高创新资源的利用率、创新熟练度以及创新经济成果的产业化水平。Nieto 和 Santamaria（2007）研究认为，协同要素的协作程度对企业创新绩效呈正相关关系。张学文和陈劲（2014）认为，系统的协同整合程度越高，产学研之间的互动合作强度越大，创新绩效越高。解学梅和刘丝雨（2015）通过以长三角都市圈 16 个城市的 427 家中小型制造业企业的实证数据，协同效应显著影响创新绩效。齐昕和刘家树（2015）认为，创新主体间的协同程度影响着资源的获取和整合，进而影响竞争优势的形成，创新主体间协同程度越高，创新效率就越强。姚艳红和夏敦（2013）认为，区域创新绩效来自协同剩余，而协同剩余的产生和大小依赖区域内各创新主体、创新要素的整合和互动程度。即创新协同度越高，协同效应越大，协同剩余越多（陈光，2005）。

然而，也有学者持反对观点。迭斯在对巴塞罗那制造业进行实证分析的基础上，提出高校、科研机构与企业的协同创新效应远不及企业内部或企业联盟之间的协同（Diez，2000）。白俊红等（2009）研究认为，各创新主体及其之间的协同负向影响创新绩效。卞元超等（2015）通过对产学研协同创新协同度与企业进术进步进行实证分析，发现产学研协同创新对企业技术进步的影响不显著。这可能是由于企业、高校两个子系统的内部协同无法促进企业的技术进步。蒋伏心等（2015）等使用复合系统协同度模型测算产学研协同度，采用 DEA 方法测算区域创新绩效，通过 GMM 方法实证分析了产学研协同度与区域创新绩效的关系，发现协同度短期内正向影响区域创新绩效，但长期表现出不稳定的特征。杨浩昌和李康水（2018）实证分析显示，协同创新对制造业经济绩效具有一定的挤出作用，但分区域而言，东部地区由于协同创新程度高，能显著地促进地区制造业经济绩效提升。

本书认为产学研通过知识、资源、行为等要素的全面整合，其互动和协同能促进区域创新资源的有效配置，直接影响区域创新绩效的提升。因此提出假设：

区域创新绩效不仅取决于各组成要素个体的创新能力，而且取决于要素之间互动协同的能力。区域产学研协同度越大，则区域协同创新能力越高，区域创新绩效越好，即产学研协同度正向影响区域创新绩效。

蒋伏心等（2015）通过动态 GMM 方法实证分析了产学研协同创新与区域创新绩效的关系。张克英等（2017）在对全国知名企业问卷调查的基础上，运用多元回归方法实证分析了协同度与企业创新绩效呈正相关。王兆君和任兴旺（2019）建立增广柯布—道格拉斯生产函数 $Y = AK^{\beta_1} L^{\beta_2} S^{\beta_3}$，利用面板数据回归方法对农业产业集群化和城镇化的协同度与农业经济增长的关系进行实证分析。本书利用 EViews8.0 软件，运用面板回归模型计算协同度和区域创新绩效之间的关系。

（二）指标选择和数据来源

在模型计算过程中除消除自变量、因变量的影响，还需要消除控制变量的影响。杨浩昌和李康水（2018）将人力资本、资本投入、对外开放程度、基础设施、产业结构作为协同性对经济绩效影响的控制变量。蒋伏心等（2015）将人力资本、经济规模、研发资本存量作为控制变量。科技人力资源投入与创新绩效间存在显著的正效主效应（Giovannetti & Piga, 2017），杜丽和苗成林（2015）研究发现科研人员对创新绩效的贡献大于研发经费的贡献。

综合已有研究，本书选取人力资本投入、物力资本投入、经济发展程度作为控制变量。用区域 R&D 人员全时当量指标来表征人力资本投入，用区域 R&D 研究经费表征研发资金投入，用区域全社会固定资产投资总额表征经济发展程度。变量信息如表 5.12 所示。

表 5.12　面板回归相关变量

变量类型	变量含义	变量	衡量指标
被解释变量	区域创新绩效	cxjx	利用双重动态激励模型计算的创新绩效结果
解释变量	产学研协同度	xtd	利用 Topsis—灰色关联动态耦合协调度模型计算产学研协同性
控制变量	人力资本投入	rlzb	区域 R&D 人员全时当量
	研发资金投入	wzzb	区域 R&D 经费支出
	固定资产投资	ztz	区域全社会固定资产投资额

本书将 2008~2017 年 30 个省份的数据为研究对象，其中区域创新绩效数据源于本章计算结果，产学研协同度数据源于第四章的计算结果。控制变量的数据均来自历年《中国统计年鉴》。考虑到创新投入与创新产出之间存在一定的时滞性，参照已有学者的研究，选择一年的投入滞后期，这样计量分析更具实际性与客观性（董锋等，2018）。变量描述性统计与相关性分析结果如表 5.13 所示。

表 5.13　变量描述性统计与相关性分析结果

变量	均值	标准差	1	2	3	4	5
cxjx	0.4226	0.041	1.000				
xtd	0.3669	0.025	0.950	1.000			
rlzb	11.005	1.167	0.754	0.806	1.000		
wzzb	14.171	1.592	0.724	0.765	0.867	1.000	
ztz	9.195	0.865	0.508	0.507	0.775	0.783	1.000

（三）实证过程和结果

在面板数据模型设定前必须做单位根检验和协整检验。面板数据单位根检验方法有 LLC 检验、IPS 检验、ADF – Fisher 检验和 PP – Fisher 检验。判断准则是如果四种检验方法都表明序列是平衡的，判定序列是平稳的。如果序列是非平稳的，则进一步采取一阶差分进行平稳性检验（范德成和杜明月，2017）。面板数据协整检验方法主要有 Pedroni 和 Kao 提出的检验方法。如果是变截距模型和变系数模型中的一种，则还需采用 Hausman 检验选择固定效应模型还是随机效应模型。运用 Hausman 检验对面板数据进行分析，区分是个体固定效应模型或个体随机效应模型，然后选择合适的面板数据模型进行拟合。

本书采用面板单位根检验和协整检验，识别出对区域创新绩效具有长期、持久影响的因素，这是影响因素与区域创新绩效的关系建立模型的基本出发点（翁异静，2015），然后采用面板回归模型研究区域产学研协同度对区域创新绩效的影响效应。

1. 单位根检验

一些非平稳的经济时间序列即使本身并不直接相关，也可能呈现相似的变化趋势，就可能会导致伪回归。为了确保估计结果的有效性，首先要利用单位根检验法进行平稳性检验。本书选取相同根单位根检验 LLC 和不同根单位根检验 IPS 两种单位根检验方法，判断准则是如果两种检验均拒绝存在单位根的原假设则判定序列是平稳的，反之则不平稳。如果序列是非平稳的，则进一步采取一阶差分进行平稳性检验。检验结果如表 5.14 所示。

表 5.14　面板单位根检验

变量	LLC 检验（P 值）	IPS 检验（P 值）	结论
$cxjx$	6.04216 (1.0000)	10.2391 (1.0000)	非平稳
$d\ (cxjx)$	− 11.0251 *** (0.0000)	− 5.27952 *** (0.0000)	平稳
xtd	− 1.58461 (0.8565)	4.42790 (1.0000)	非平稳
$d\ (xtd)$	− 8.56543 *** (0.0000)	− 3.77124 *** (0.0001)	平稳
$rlzb$	− 14.5263 *** (0.0000)	− 6.97084 (0.6324)	非平稳
$d\ (rlzb)$	− 10.6839 *** (0.0000)	− 3.23375 *** (0.0006)	平稳
$wzzb$	− 17.2675 (0.0000)	8.8698 (1.0000)	非平稳
$d\ (wzzb)$	− 14.4092 *** (0.0000)	− 5.1013 *** (0.0000)	平稳
ztz	− 22.1301 (0.6375)	− 9.08027 (0.0000)	非平稳
$d\ (ztz)$	− 7.091 *** (0.0000)	− 1.26734 *** (0.0012)	平稳

注：括号内表示统计量对应的 P 值，D 表示一阶差分，*、**、*** 分别表示 $P<0.1$、$P<0.05$ 和 $P<0.01$。

由表 5.14 面板单位根检验的结果可知，区域创新绩效、区域产学研协同度、人力资本投入、研发资金投入、固定资产投资均是非平稳序列，而它们的一阶差分项均为平稳序列，即这5个变量均为一阶单整序列。因此可以认为，这5个变量的一阶差分序列之间可能存在协整关系。

2. 协整检验

各变量调整为一阶单整后，接下来通过协整检验考察变量间的长期均衡关系。本书采用Kao协整检验方法进行面板协整检验，结果显示Kao统计量为 -6.129539，在1%下显著，方程回归残差平稳，说明区域创新绩效、产学研协同度、人力资本投入、研发资金投入、固定资产投资这5个变量的一阶差分序列存在长期稳定的均衡关系，可以建立模型进行回归。

3. 模型选择

利用F检验决定选用混合模型还是固定效应模型，然后用Hausman检验确定是建立随机效应模型还是固定效应模型。根据对基准模型检验结果，F统计量为2469.170，P值为0，拒绝混合回归模型假设；Hausman卡方统计量为10.9100，P值为0.001，拒绝随机效应模型假设，因此应采用个体固定效应模型。

4. 回归结果

利用Eviews8软件运行相关数据，得到面板回归结果，如表5.15所示。

表5.15　面板数据回归结果

解释变量	被解释变量：创新绩效				
	总体	总体	东部	中部	西部
协同度	1.593***	1.719***	1.784***	1.748***	1.081***
	(0.031)	(0.057)	(0.101)	(0.184)	(0.131)
人力资本投入		0.044***	0.033	0.208***	0.008
		(0.016)	(0.034)	(0.032)	(0.017)
研发资金投入		0.012	0.039*	0.02	0.002
		(0.011)	(0.021)	(0.013)	(0.011)
固定资产投资		0.058***	0.025	0.018***	0.091***
		(0.016)	(0.03)	(0.025)	(0.017)

续表

解释变量	被解释变量：创新绩效				
	总体	总体	东部	中部	西部
常数项	-0.162^{***}	-0.196^{***}	-0.16^{***}	0.138^{***}	0.056^{***}
	(0.011)	(0.014)	(0.026)	(0.037)	(0.035)
调节 R^2	0.901	0.905	0.876	0.872	0.851
F 统计量	2730.13	713.59	193.34	135.34	156.85

注：表格括号中表示标准差，$*$、$**$、$***$分别表示 $P<0.1$、$P<0.05$ 和 $P<0.01$ 的显著水平。

从总体看，区域产学研协同度显著影响区域创新绩效，即使考虑了人力资本、研发资金、固定资产投资等控制变量后，影响依然显著，实证结果充分表明区域产学研协同度正向影响区域创新绩效。

分地区来看，东部、中部地区产学研协同度对区域创新绩效的影响系数大于西部地区，说明东部、中部地区的产学研协同对区域创新绩效的提升发挥着更大的作用，而西部地区的产学研协同对区域创新绩效的作用还未充分释放。

四、本章小结

协同创新是当代创新理论的核心，产学研协同创新是实施科技与经济结合的重要途径，是国家或地区提升创新绩效，促进经济社会发展的重要手段。本章对传统的区域创新绩效评价指标体系进行了梳理，在此基础上进行了创新性改进，将动态激励理论运用于区域创新绩效的评价过程中，使评价更客观，既反映现在，也预测未来，理论分析以及实证结果表明评价方法具有较高的信度和效度。同样利用泰尔指数和探索性空间数据分析方法对区域创新绩效的空间分异特征进行分析。在此基础上，结合上一章对区域产学研协同度的分析，利用面板回归方法对产学研协同度与区域创新绩效关系进行实证分析，并对两者之间的空间分布进行比较。研究结果表明：第一，我国区域创新绩效差异非常大，广东、江苏、北京、浙江、上海、山东属于第一方阵，创新绩效水平较高；贵州、甘肃、内蒙古、山西、新疆、宁夏、青海等属于末端方阵，且都属于中西部地区，创新水平低，区域间创新发展不平衡现象非常严重。第二，区域产学研协同度和区域创新绩效存在着相似的时空分布格局，均为东高西低，呈现空间自相关特征，但区域产学研协同度自相关程度低于区域创新绩效自相关程度。第三，区域产学研协同性正向影响区域创新绩效，而东部、中部地区产学研协同度对区域创新绩效的影响大于西部地区产学研协同度对区域创新绩效的影响。通过促进企业、学研机构等直接创新主体和政府、金融机构、中介组织等间接创新主体间的协同，将有助于提升区域的整体创新绩效。

第六章

区域产学研协同驱动因素分析

一、研究框架

上一章研究表明，产学研协同是区域创新绩效实现的重要前提和基础，协同创新系统具有高复杂性、多层次性、开放性、动态性等特点，不同主体之间协同程度的高低受多种因素影响，而已有研究对产学研协同性的内涵、作用、度量等方面做了深入探讨，但较少关注协同度的影响因素，特别是协同度空间分异特征的机理分析更是鲜见。基于此，本章结合地理探测器模型和多元线性回归方法科学识别影响协同度的主导因素，准确分析这些因素影响作用的大小、方向和趋势，以揭示产学研协同度的空间分异机制和驱动机制，为因地制宜、有效实施协同性优化策略提供参考依据（吴卫红等，2018）。

二、相关文献回顾和研究假设

学者对协同度的前因变量即影响因素的研究，主要是探讨影响协同度形成和提升的因素。在协同创新发展初期，主要是企业和高校或科研院所的点对点的合作创新行为，所以相应的协同创新研究围绕着微观个体展开，但随着国家创新系统的发展，产学研协同创新逐步上升发展为区域竞争力提升的重要途径，关于产学研协同创新研究逐渐发展到宏观层面。现有文献主要从微观和宏观两个层面展开。

（一）微观影响因素分析

从微观创新个体角度分析，认为协同创新协同度的影响因素主要有地理邻近性、企业能力、学研因素、产学研合作模式、利益分配机制、外部环境因素。

1. 地理邻近性

张省（2017）实证检验了地理邻近通过制度邻近、社会邻近、技术邻近和关系邻近促进产学研协同创新，加速知识的传播、流动和创新。水常青等（2004）认为，项目成员间的相互信任、高层领导的重视程度、项目负责人的经验和协调能力、信息通信技术的应用、组织结构的偏平化、不同项目间的经常沟通、市场导向的创新型文化、采用跨职能团队的组织形式、创新战略的差异、合理的激励与薪酬制度、不同部门间信息和知识沟通的通畅和地理位置的相互接近是影响大中型工业企业协同的主要因素。

2. 企业能力

郭斌等（2003）认为，产学合作绩效的影响因素有产学合作的参与者、项目特性、组织结构与安排、外部环境等，企业参与方的高层管理人员参与和投入是影响产学合作绩效的重要因素。崔雪松和王玲（2005）认为，企业自身技术水平制约着企业对外来技术的学习、理解和应用。刘炜等（2013）认为，企业规模和吸收能力是影响企业产学研合作倾向的关键因素。然而邵景峰等（2013）认为，当企业自主技术研发无法满足自身需求时，就会开放组织边界，搜寻新的外部优势资源进行技术合作，并通过交易成本的降低和规模效益实现企业的利润目标，保持竞争优势。

3. 学研因素

段晶晶（2014）认为，微观系统中的合作愿景（合作目标与资源投入）、组织关系层面（合作路径、利益分配、文化认同）、知识（知识特性、知识转移能力）影响产学研协同创新绩效。学研方的科研能力的高低是产学研协同创新成效的重要影响因素。王娜娜（2018）认为，各创新主体的投入力度影响产学研合作创新的协同度。程强等（2019）认为，由于每个组织拥有独特、专属的文化，组织间的文化冲突会破坏由多个异质性组织构成的跨组织知识联盟的战略合作关系，妨碍知识在联盟内的有序流动和共享，从而导致知识协同难以实现，进而提出了通过文化协同促进知识协同的策略。

4. 产学研合作模式

姚艳红和夏敦（2013）认为，在协同创新中，各创新主体（企业、高校、科研机构、政府、金融机构与中介机构等）之间，创新要素（资金、知识、人才、信息、设备等）之间整合的紧密程度、有序程度、互动强度直接影响协同度。冉云芳和石伟平（2015）认为，不同企业的特征和目的不同会采取不同的模式参与合作，产学研合作创新的协同度也不一样。解学梅等（2015）通过对企业协同创新的多维模式与协同效应和创新绩效的交互关系进行研究表明，研发外包模式、要素转移模式、战略联盟模式、专利合作模式这四种模式显著正向影响协同效应。

5. 利益分配机制

朱厚望（2013）认为，校企合作关系设计多以强调学校获益作为基础，忽略了企业的利益，影响校企合作的深度开展。高为群和吴飞

（2014）认为，缺乏校企双方交流的平台、缺乏合作机制、校企双方职责不明、缺乏政府相应政策的引导、学校缺乏主动、企业利益得不到保证是影响校企深度合作的因素。

6. 外部环境因素

邱栋和吴秋明（2013）认为，个体内部因素、双方因素和外部环境因素等是影响产学研协同创新的重要因素。马丽等（2014）认为，产学研合作深度受技术供给、技术需求、利益分配、风险投资、外部环境等诸多因素影响。李虹通过测算科技创新与生态环境复合系统协同度，并运用计量模型分析从政府环境规制、科技创新支持和市场竞争程度对区域生态创新协同具有积极推动作用（李红和张希源，2016）。陈卫东和李晓晓（2017）认为，产品的市场化水平显著影响企业在协同创新过程中的努力水平。

综观已有研究，对微观因素的影响分析主要集中于地理邻近性、协同创新模式、企业知识吸收能力和学研机构知识创造能力、利益分配机制、制度环境、文化差异等方面对协同创新广度、深度、效果的影响，而且实证分析多采用结构方程方法进行，主要通过问卷调查方法，数据获取均来自被调查者的主观评价，数据的客观性受到一定的局限性，同时忽略了与整体区域的关联性。

（二）宏观影响因素分析

产学研协同创新作为国家创新系统的重要组成部分，已上升为国家战略层面，具有更强的政府主导的宏观调控性，因此有必要站在宏观的角度展开思考。

甄晓非（2013）将协同创新的影响因素归纳为组织（文化、成员、结构）、战略、协同支撑条件（激励机制、协调机制）三个维度。张海滨（2013）认为，政府科技政策、产学研合作模式、利益分配机制、高校管理体制是影响产学研协同创新的主要因素。何海燕等（2014）运用 Ordered Logit 预测模型分析了政策法规的支持程度、知识产权保护和科技成果转化、多赢的合作利益分配机制、产学研协同创新融资渠道完善对区域产学研协同创新影响显著。白俊红和卞元超（2015）基于2004～2013年全国30个省份的面板数据，实证分析了政府支持对产学研协同创新的协同度具有显著的促进作用，同时经济发展环境、地区基础设施环境对全国和中部协同度均有显著影响，而人力资本环境、地区对外开放环境对中部协同度的影响不显著。解学梅（2015）认为，企业协同创新的影响因素包括主体支撑因素（企业研发能力和创新能力、企业鼓励创新协同环境和文化、企业协同经验、企业组织结构形式、企业高层领导重视程度）、政策环境因素（政府相关制度和支持政策、政府跨区域协同能力和协同机制、政府地方保护主义程度）、协同机制因素（协同双方技术相关性和知识互补性、协同双方文化相容性、协同双方高层互信程度）、关系网络因素（地理位置接近性、知识、技术、信息和人才流动程度、与高校、研究机构、中介协同程度、协同双方非正式社会关系网络、协同成本分担机制和利益分配机制）。毕娟（2016）在京津冀科技协同创新复杂系统分析的基础上，认为协同创新的影响主要有驱动因素（创新需求和创新能力）、支撑因素、链接因素和保障因素。邱晓飞和张宇庆（2016）认为，主体利益、外部支持、辅助组织影响协同创新。易秋平等（2017）从主体（学研知识转移能力、企业知识吸收能力）、关系（产学研之间的合作关系）、环境（政府及金融机构的支持）三个方面研究产学研协同效率的若干因素。王帮俊和赵雷英（2017）通过扎根理论分析对协同创新绩效影响因素进行分析，发现影响因素主要包括环境因素（市场需求水平、科技成果转化水平、知识产权保护和法律法规支持情况等）和过程因素（科技中介服务、协同创新服务平台、信息沟通网络建设和文化价值融合情况等）。崔志新和陈耀（2019）认为，知识型人力资本、企业创新投入密度、主体自主创新、资本开放水平会影响产学研协同。

上述研究发现，学者逐渐将产学研协同创新纳入整个国家创新系统的角度进行研究，从系统论角度分析协同创新协同度的影响因素，研究内容和方法不断深入和丰富。但对于以上因素如何施加影响，其影响作用的大小、方向和趋势没有进行深入的实证检验。因此有必要对其进行宏观、系统、深入、客观的分析。高校、企业、科研院所是协同创新的基本主体，影响产学研协同创新的诸多因素大致可以归结为创新主体因素（内部因素）（产学研各自的创新能力、对协同创新的正确认识等）、主体间共生关系因素（协同因素）（产学研组织间地理位置接近性、沟通机制）、创新环境因素（外部因素）（文化环境、市场环境、制度环境），而政策支撑环境不足是制约产学研协同创新的主要因素（Martnezrom & Tamayo，2011）。

（三）研究假设

产学研协同度受创新主体、创新主体间的共生关系影响，创新主体创新活动所依存的区域创新环境，是区域创新能力高低的重要前提条件，对协同程度的影响最为显著（解学梅，2015）。作为产学研共生网络的主要环境包括政策环境、经济环境、信息环境、空间环境、社会规范环境等（张雷勇等，2013）。洪银兴（2008）认为表征产学研协同创新面临环境的主要指标包括文化环境（信任基础和创新氛围）、市场环境以及制度环境等，因此，本书重点研究文化环境、市场环境、经济环境、制度环境对产学研协同度的影响。同时尽量将制度、文化等软要素进行客观量化，以提高研究结果的准确性。

1. 地区经济环境与协同度的关系

经济环境越优越的区域，经济实力越强，对产学研协同创新的支撑作用越大，区域产学研共生水平和层次越高，网络协同作用越明显，越有助于产学研之间的协同。因此，提出如下假设：

假设 6.1：区域经济发展水平正向影响区域产学研协同度。

在国外，企业是创新的主体，需求导向功能强大。李林和傅庆（2014）通过关联度分析发现企业创新效率对区域创新效率的影响大于学研机构，也反映企业是创新的主导。王钰莹等（2020）实证分析了企业协同创新主体地位显著影响创新绩效。企业创新主体地位越强，越有助于推进产学研之间的协同。因此，提出如下假设：

假设 6.2：企业创新主体地位正向影响区域产学研协同度。

2. 地区文化环境与协同度的关系

Geisler（1995）认为产学合作双方在价值观和文化上的认同感越强，就越容易形成互赢的心理预期，合作关系也越持久。地区的创新氛围和信任氛围一起构成了文化环境。

创新理论认为隐性知识对创新的作用更大，但是由于隐性知识无法编码，双方的信任关系和面对面的交流成为隐性传播的必要条件（傅利平等，2011），所以信任度越高，彼此间就越易于坦诚交换知识，越有利于协同创新（杨洪涛和吴想，2012）。Carnevale（1988）研究认为，企业间信任是影响合作绩效的关键因素，信任能强化彼此间的认可，增强合作意愿及关系强度。Barney 和 Hansen（1995）认为，高信任度能增强企业间合作的深度和广度。

解学梅和方良秀（2015）认为，信任、沟通、环境影响协同创新的协同度。齐昕等（2015）认为，组织间信任的产生有利于建立互惠、互利及共享的机制，提高知识转移数量和质量，促进创新要素扩散与创新产出的增加。信任可以降低协同创新过程中的交易成本、促进创新合作的意愿和隐性知识间的共享，拓展协同创新的深度和广度（张廷，2013）。协同创新能否达到预期目标，不仅取决于合作各方资源的互补性，还取决于参与方彼此间的信任程度（薛克雷等，2014）。因此，在协同创新过程中，信任度水平越高，越有助于创新主体之间的协同。因此，提出如下假设：

假设 6.3：地区信任度水平正向影响区域产学研协同度。

区域高校数量越多，高校层次越高，创新水平越强，则创新氛围越浓，与企业的产学研合作越密切（赖德胜等，2015）。区域公民受教育层次越高，人力资本质量越高，接受新鲜事物的能力越强，越有助于创新的推广，区域受教育层次和区域高校数可以反映区域的创新氛围（石惠敏和李强，2019）。因此提出如下假设：

假设 6.4：地区创新氛围正向影响区域产学研协同度。

3. 地区市场环境与协同度的关系

党文娟等（2008）认为，区域市场化程度对区域创新有显著影响，市场化是创新活力的源泉和创新活动的重要基本条件。潘海生等（2013）认为管理体制、行业组织作用、法律制度、院校市场意识等体制因素是造成校企合作现实与愿景差距的主要原因。李虹和张希源（2016）运用计量经济模型验证了政府环境规制、科技创新支持以及市场竞争程度对区域生态创新协同具有积极的推动作用。创新效率受外部政策市场双元情境影响，市场竞争程度越高，企业参与协同创新的意愿和动机就越高，资源分配更加公平合理，信息披露更加公开透明，企业能够更有效地识别外部机会，拓展知识资源（简泽等，2017）。因此，区域市场化水平越高，创新主体向外寻找资源互补协作的意愿越强烈，越有助于创新主体之间的协同。发展对外贸易是市场开放的重要体现（刘修岩和陆旸，2012）。地区开放可以使区域创新主体在更大范围内利用创新资源，减少交易成本和交易风险，能够显著提高区域创新效率（于明洁等，2013）。开放程度越高，区域资源流动越有利，创新主体能获得更多的创新资源，促进创新主体间的协作（李鹏和陈维花，2017），对外开放水平越高，越开放、包容，越有助于与外界融合，仅会带来资金的支持，也会带来相应的技术支持，扩大了技术交流水平（张满银和张丹，2019），越有助于产学研不同主体之间形成的协同创新。因此，提出如下假设：

假设 6.5：地区市场化水平正向影响区域产学研协同度。

正如恩格斯所说：社会上一旦有技术上的需要，则这种需要会比 10 所大学更能把科学推向前进。市场需求通过企业转化为对科技创新的强大需要，推动产学研协同创新的发展，也决定着产学研协同创新的主攻方向。因此，提出如下假设：

假设 6.6：地区市场大小正向影响区域产学研协同度。

4. 地区政策环境与协同度的关系

政策环境是指政府为促进产业方和学研方在互利共赢的前提下，合作开展知识创造、技术研发、产业化等创新活动，以实现知识传递、消化、转移和创造而制定的各种法规和政策的总和（黄青，2016），包括资金支持、税收优惠、财政补贴、知识产权保护、鼓励学研机构创新、促进科技中介发展等。研究普遍认为政府政策有助于产学研协同创新，罗琳等（2017）认为，协同创新需要政府和市场的结合作用，创新效应的大小着重体现在创新机制上，政府的支持与推动是产学研协同的重要动力来源和保障。解学梅（2015）认为，政策环境因素显著正向影响协同创新的协同度。研发人力和物资投入对区域协同创新具有显著的促进作用，且研发人力资本在其中的作用高于研发物质资本。Chen 等（2013）通过实证调研分析，得出政府参与协同创新能够获得更好的绩效，从而推动主体的协同创新。

然而，也有学者持不同观点。Lichtenberg（1989）认为政府资助在一定程度上挤出了企业的研发投资，降低了研发创新的产出水平。黎文靖和郑曼妮（2016）认为，政府政策可能使企业为了寻求政策支持而增加创新"数量"忽视创新"质量"。综合上述研究，本书认为政策环境对产学研协同创新的正向作用大于负面影响。因此，提出如下假设：

假设 6.7：区域政策环境正向影响区域产学研协同度。

三、实证分析

谢园园等（2013）通过建立 Logistic 回归模型，对产学研协同创新影响因素进行实证检验；何海燕等（2014）基于 Ordered Logit 模型对协同度影响因素进行分析；吴卫红等（2018）利用状态空间模型对协同度动态影响因素进行分析。党文娟等（2008）利用负二项分布估计方法研究创新环境对区域创新能力的影响。李虹和张希源（2016）运用计量经济模型从政府、市场、区域三个层面对生态创新协同度的影响因素进行实证分析。

上述方法或者对数据有严格的要求，或者忽视了变量的空间分异特征等。为此本书运用分位数聚类法、多元线性回归、地理探测器等研究区域产学研协同度空间分异的原因，对协同驱动因素进行实证分析。其中利用分位数聚类法将文化环境、市场环境、经济环境、政策环境等要素划分为4类，对自变量进行分层；运用多元线性回归分析各自变量与因变量之间的数量关系；运用地理探测器提取区域产学研协同性空间分异的主导因素，并对影响因素进行定量分析（刘彦随和李进涛，2017）。

（一）研究方法

地理探测器是基于空间分异理论，为获得因子变量和结果变量的关联性，通过对因子进行离散分类处理，将不同类型的变量归化在同一空间尺度下进行分析，以探测空间分异性，并揭示其背后驱动因子的一种新的统计学方法。地理探测器由于其可在没有前提假设的情况下科学判定某种要素空间分布的形成机理（陆保一等，2020），已被应用于从自然到社会的广泛领域，主要用于分析各种现象的驱动力和影响因子以及多因子交互作用（王劲峰和徐成东，2017）。

地理探测器的核心思想是：如果自变量对因变量存在重要影响，那么自变量和因变量的空间分布应该具有相似性。所以假设研究分为若干子区域，如果子区域的方差之和小于区域总方差，则存在空间分异性；如果两变量的空间分布趋于一致，则两者存在统计关联性。地理探测器有因子探测器、风险探测器、交互作用探测器、生态探测器等多种方法，常用的主要是前三种。其中因子探测器是通过 q 统计量度量空间分异性，用以探测解释因子、分析变量之间的交互关系和影响力大小。q 值越大，表示自变量 X 对因变量 Y 的解释力越强，反之则越弱。因为不需要过多的假设条件，所以可以克服统计方法处理变量的局限性。

$$q = 1 - \frac{1}{N\sigma^2} \sum_{h=1}^{L} N_h \sigma_h^2 = 1 - \frac{SSW}{SST} \qquad (6.1)$$

式中，$h = 1, \cdots, L$ 为因子 X 的分类，N_h 和 N 分别为层 h 和全区的单元数，SSW 和 SST 分别为层内方差之和，以及全区总方差。q 为探测因子对因变量空间分异的解释程度，取值 [0，1]，值越大说明该因子对因变量的影响越大。

交互作用探测主要评估两个不同的探测因子共同作用时对因变量的影响。原理是首先分别计算各探测因子对因变量的 q 值，并计算它们交互时的 q 值，然后将交互作用的 q 值与各探测因子单独作用的 q 值进行比较，以判断两个因子之间的关系（柏玲等，2020）。共可以分为五大类（见表6.1）。

表6.1　两个探测因子对因变量交互作用的类型

判断依据	交互作用
$q(X1 \cap X2) < \min(q(X1), q(X2))$	非线性减弱
$\max(q(X1), q(X2)) > q(X1 \cap X2) > \min(q(X1), q(X2))$	单因子非线性减弱
$q(X1 \cap X2) > \max(q(X1), q(X2))$	双因子增强
$q(X1 \cap X2) = q(X1) + q(X2)$	相互独立
$q(X1 \cap X2) > q(X1) + q(X2)$	非线性增强

地理探测器使用步骤：

步骤1：数据整理。因变量可以为连续型变量或二值变量，自变量数据必须为类型变量，如果自变量为数值量，则需要进行离散化处理。

步骤2：将自变量和因变量数据导入地理探测器软件，然后运行软件，结果主要包括三个部分，分别是自变量 X 对因变量的解释力；不同自变量对因变量的影响是否有显著的差异；以及这些自变量对因变量影响的交互作用。

（二）变量选取

产学研协同度受多种环境因素影响，本书确定从经济环境、文化环境、市场环境、政策环境四个方面分析协同度的影响因素。选择合适的指标是进行影响因素实证分析研究的前提。结合前人的研究综述，同时考虑指标数据的可获得性，厘出不同影响因素的衡量指标，如表6.2所示。

表 6.2 产学研协同性影响因素指标体系

影响因素	探测因子	衡量指标	指标代码	数据来源
经济环境	经济发展水平	人均 GDP	X1	《中国统计年鉴》
	企业科研实力	高技术产业集中度	X2	《中国高技术产业统计年鉴》、《中国劳动统计年鉴》
	金融支持力度	R&D 经费来自金融机构比例	X3	《中国科技统计年鉴》
文化环境	创新氛围	大专以上人数	X4	《中国教育统计年鉴》
		双一流高校数	X5	教育部官网
	信任水平	社会信任度	X6	《中国综合社会调查报告》
市场环境	市场化程度	市场化指数	X7	樊纲、王小鲁等：《中国市场化八年进程报告》
	对外开放程度	进出口总额占地区生产总值比例	X8	《中国统计年鉴》
	市场容量	全社会固定资产投资	X9	《中国统计年鉴》
政策环境	政府规模	财政预算支出占地区生产总值比例	X10	《中国统计年鉴》
	政府教育投入力度	国家财政性教育经费	X11	《中国统计年鉴》
	中介和法制环境	中介组织发育和法律制度环境	X12	樊纲、王小鲁等：《中国市场化八年进程报告》

1. 经济环境变量选取

经济发展水平越高，创新需求层次和复杂性越高，越有助于推进产学研协同创新，因此选取人均生产总值（GDP）反映区域经济发展水平。企业规模越大，科研实力越强，越致力于自主创新，同时产业越集中，对共性关键性技术突破愿望越强烈，对产学研合作需求越广泛，企业创新主体地位越突出。而高技术产业是创新的主力军，因此用各省份高技术产业就业人数占全社会就业人数的比值与全国高技术产业就业人数占全国全社会就业人数的比值表征的高技术产业集中度区位熵衡量区域企业科研实力。金融机构参与支持创新的力度越大，越有助于科研活动获得所需的研发资金，越有利于产学研协同创新，用地区 R&D 经费来自金融机构的比例表征金融机构对协同创新的支持力度。人均生产总值可从历年《中国统计年鉴》获取指标数据。高技术产业集中度可通过历年《中国高技术产业统计年鉴》和《中国劳动统计年鉴》数据加工获得。地区 R&D 经费来自金融机构的比例可从历年《中国科技统计年鉴》数据加工获得。

2. 文化环境变量选取

结合协同创新实际，主要从创新氛围和信任水平两个维度考虑文化环境。一般来说，公民受教育程度越高，人力资本质量越高，接受新鲜事物的能力越强，创新氛围越浓，因此用区域大专以上人数衡量区域人力资本质量，该指标数据可从《中国教育统计年鉴》中获得。区域内的双一流院校数量越多，代表区域内学研机构知识创造能力越强，越能吸引企业开展产学研合作，因此用区域双一流高校数表征知识创新能力，双一流高校数据来自教育部官网。人与人之间的信任水平越高，越有助于彼此的协作意愿，参照历年综合社会调查中的问卷题目（其中一问题：总的来说，您同不同意在这个社会上，绝大多数人都是可以信任的）调查结果来衡量区域信任度水平。

3. 市场环境变量选取

市场化程度越高，越有助于资源的优化配置，采用樊纲、王小鲁编著的《中国市场化指数：各地区市场化相对进程 2004 年度报告》市场化指数衡量市场化程度。对外开放程度越高，越有助于创新主体之间的互动交流，异质性知识的学习，促进协同创新，用进出口总额占地区生产总值比例衡量区域对外开放程度。市场容量越大，创新需求越高，越有助于产学研之间的协同，用全社会固定资产投资衡量市场容量。进出口总额、全社会固定资产投资数据均从历年《中国统计年鉴》中获得。

4. 政策环境变量选取

政府政策、中介组织的发展等都会对协同创新产生重要影响。政府规模在一定程度上可以反映政府对区域协同创新提供便利和支持的力度，用财政预算支出占地区生产总值的比例表征政府规模。政府对教育的投入越高，区域的知识创造水平越高，越有助于协同创新，用《中国统计年鉴》中的国家财政性教育经费指标表征政府教育投入力度。中介组织发展水平、法治化水平越高，越能为产学研协同搭建起桥梁，促发合作行为的产生，提升产学研之间的协同度，利用王小鲁、樊纲编制测算的中介组织发育和法律制度环境表征各区域的中介组织发展水平和法治化程度（鉴于评分表仅有 2008～2014 年数据，假定 2015～2017 年该指标未发生变化，沿用 2014 年数据）。

（三）实证过程

1. 地理探测器模型探测

采用四分位数法将 12 个自变量数据进行离散化处理，转化为类型变量，鉴于篇幅原因，转换结果略。然后将协同度和自变量数据导入地理探测器软件 GeoDetector，运行软件得到因子探测结果如表 6.3 所示。q 值表示各探测因子 X 对因变量协同度 XTD 的影响，q 值越大，表示该因子对协同度的解释力越强，反之则越弱。除 $X6$ 信任度水平未能通过显著性检验外，其余因子 q 值统计量均通过显著性检验。

表 6.3　地理探测器探测协同度驱动因子结果

自变量	X1	X2	X3	X4	X5	X6	X7	X8	X9	X10	X11	X12
q – statistic	0.5092	0.5238	0.7075	0.4666	0.4531	0.0056	0.6401	0.4562	0.2508	0.4471	0.4549	0.5776
p value	0.000	0.000	0.000	0.000	0.000	0.646	0.000	0.000	0.000	0.000	0.000	0.000

结果显示，q 值大于顺序依次为：金融支持力度（0.7075）＞市场化程度（0.6401）＞中介组织发育和法律制度环境（0.5776）＞企业科研实力（0.5238）＞人均 GDP（0.5092）＞大专以上人数（0.4666）＞对外开放程度（0.4562）＞政府教育投入力度（0.4549）＞双一流高校数（0.4531）＞财政预算支出占地区生产总值比例（0.4471）＞全社会国家

资产投资（0.2508），而 $X6$（信任度水平）不显著，未能通过检验。这可能是由于产学研合作已经越过了科研工作者个体参与企业科技创新单打独斗的个人行为初始阶段，而演变发展为学研机构与企业之间的组织合作行为，合作行为更多地有赖于相关法律制度、组织的完善程度，而不是取决于个人的信用水平。

接下来利用交互探测因子法进一步检验不同探测因子在协同度空间分布方面的交互作用。鉴于 $X6$ 未能通过显著性检验，剩余 11 个探测因子交互作用结果共有 55 对，如表 6.4 所示。每一对探测因子交互作用的 q 值皆大于该对探测因子的任一因子的 q 值，而小于该对探测因子的两个 q 值之和，因此这 55 对探测因子的交互作用对协同度的影响均表现为双变量加强型。金融支持力度和大专以上人数的交互作用强度最大（0.8093），大专以上人数和市场化程度的交互作用次之（0.7952），大专以上人数和中介组织发育和法律制度环境的交互作用（0.7944）列第三。可以看出，尽管大专以上人数因子单独对协同度分异的影响并不大，但是与其他因子交互作用之后对协同度的分异作用得到大大增强，说明大专以上人数表征的区域人力资本质量是促进区域产学研协同的基础。

表 6.4 探测因子交互作用结果

	$X1$	$X2$	$X3$	$X4$	$X5$	$X7$	$X8$	$X9$	$X10$	$X11$	$X12$
$X1$	0.5092										
$X2$	0.6854	0.5238									
$X3$	0.7829	0.7444	0.7075								
$X4$	0.7295	0.6483	**0.8093**	0.4666							
$X5$	0.7418	0.6743	0.7281	0.7031	0.4531						
$X7$	0.6992	0.6705	0.7805	**0.7952**	0.7780	0.6401					
$X8$	0.6300	0.6336	0.7604	0.7768	0.6990	0.6694	0.4562				
$X9$	0.7063	0.6010	0.7448	0.5969	0.6310	0.7325	0.6623	0.2508			
$X10$	0.7226	0.5863	0.7711	0.5883	0.6561	0.7628	0.7667	0.5443	0.4471		
$X11$	0.7780	0.6034	0.7832	0.6245	0.7122	0.7666	0.7546	0.5974	0.4782	0.4549	
$X12$	0.6673	0.6457	0.7607	**0.7944**	0.7336	0.6475	0.6343	0.6916	0.7515	0.7656	0.5776

2. 多元回归分析

运用多元回归方程进一步分析各因素与产学研协同度之间的统计学关系。为了消除解释变量和被解释变量量纲不一致可能产生的影响，自变量和因变量均取对数，设置双对数回归模型。

首先以协同度作为因变量，12 个因子作为自变量进行整体回归检验，结果显示尽管 R^2 较高，但是个别变量显著性或系数方向明显不符合实际情况，初步判断可能存在多重共线性影响。因此，利用相关系数法和方差扩大因子法检验发现变量间相关系数较高，且方差扩大因子明显高于 10，证实存在多重共线性。

为消除共线性影响，采用逐步回归。各因子变量依次与协同度因变量进行回归，发现 $X3$ 因子回归时的 R^2 最高，然后以它为基准逐步添加因子变量，观察添加因子变量后的 R^2 是否得到显著性改进，而原有的变量系数仍然显著。以此类推，直至增加变量后不能通过显著性检验，且 R^2 得不到改进。最终建立的线性回归模型 R^2 达到 0.8461，具有较好的解释力，如表 6.5 所示。鉴于逐步回归模型数量众多，回归过程略去，最终得到回归方程式（6.2）。

表 6.5　多元逐步回归最终模型结果

指标	常数 C	$X3$	$X1$	$X5$	$X11$	$X9$	$X2$	$X12$	R^2	F 值
XTD	-1.6481	0.0047	0.0319	0.0178	0.0527	-0.0339	0.0092	0.0097	0.8461	227.73
P 值	0.0000	0.0663	0.0000	0.0000	0.0000	0.0000	0.0059	0.0240		

$$\log(XTD) = -1.6481 + 0.0319 \times log(X1) + 0.0092 \times log(X2) +$$
$$0.0047 \times log(X3) + 0.0178 \times log(X5) - 0.0339 \times$$
$$log(X9) + 0.0527 \times log(X11) + 0.0097 \times log(X12) \quad (6.2)$$

人均 GDP、高技术产业集中度、R&D 经费来自金融机构的比例、双一流高校数、国家财政性教育经费、中介组织发育和法律制度环境显著正向影响产学研协同度；全社会固定资产总投资却负向影响产学研协同度；市场化指数与中介组织发育和法律制度环境由于存在严重共线性，故在多元回归方程中未能体现市场化指数；大专以上人数、社会信任度、进出口总额占地区生产总值比例、财政预算支出占地区生产总值比例未能通过检验。

四、结果分析

综合比较分析多元线性回归和地理探测器的结果，结合已有研究基础，本书将协同度时空分异的主导因素归结为经济发展水平、企业科研实力、金融支持力度、创新氛围、市场化程度、政府教育投入力度、中介和法制环境等方面，如表6.6所示。

表6.6　地理探测器结果和多元回归结果比较分析

探测因子	衡量指标	指标代码	地理探测器结果	多元回归结果	是否主导因素
经济发展水平	人均 GDP	X1	0.5092	0.0319	是
企业科研实力	高技术产业集中度	X2	0.5238	0.0092	是
金融支持力度	R&D 经费来自金融机构比例	X3	0.7075	0.0047	是
创新氛围	大专以上人数	X4	0.4666		
	双一流高校数	X5	0.4531	0.0178	是
信任水平	社会信任度	X6	0.0056		
市场化程度	市场化指数	X7	0.6401		是
对外开放程度	进出口总额占地区生产总值比例	X8	0.4562		
市场容量	全社会固定资产投资	X9	0.2508	−0.0339	
政府规模	财政预算支出占地区生产总值比例	X10	0.4471		
政府教育投入力度	国家财政性教育经费	X11	0.4549	0.0527	是
中介和法制环境	中介组织发育和法律制度环境	X12	0.5776	0.0097	是

进一步分析各主导因素对产学研协同度时空分异的作用机制，如图6.1所示，为精准施策、优化提升产学研协同性提供参考依据。

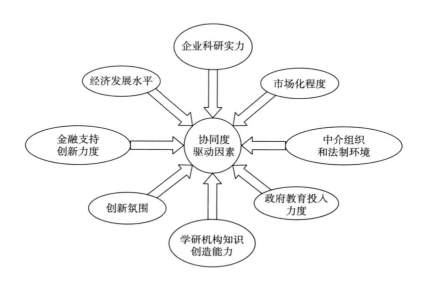

图 6.1　主导因素对产学研协同性分异的作用机制

1. 经济发展水平

地区的产业实力和创新水平决定了区域的经济发展水平，而经济发展水平又为产学研的协同合作提供了物质基础。长此以往，"马太效应"形成了恒者恒强，弱者恒弱的局面。

2. 企业科研实力

企业科研实力正向影响产学研协同度。因为科研实力强的企业拥有较充足的研究资金、合适的研发场所和先进的技术设备，具备与学研机构进行协同创新的基础条件，更易于吸引高素质的科研团队，促进协同创新效果的达成；自主创新需求越高，越会派生出对协同创新的需求；其次企业科研实力越强，越有能力消化吸收来自学研机构的异质性知识，产学研的协同度越高。

3. 金融支持创新力度

实证分析表明，金融机构参与支持创新的力度越大，产学研协同性越强。因为，产学研协同创新是以科技新发现为源头进行重大科研攻关项目的创新活动，投资回收期长、投资收益不确定，投资风险高，从科学发现和知识创新、新技术的孵化到采用新技术投入生产进入市场等各个阶段都需要大量的资金，光靠政府的投入是远远不够的，而知识的外溢性特点又决定了光靠企业动力是不足的，需要有商业银行、风险资本等科技金融的广泛参与，才可能驱动创新。发达国家的协同创新实践经验也显示，大规模的产学研协同合作项目都依赖于风险投资和资本市场才得以发展起来（沈志清，2010）。

4. 创新氛围

产学研协同创新主要从事重大科技攻关项目，需要较强的知识创造能力。地区双一流高校数量代表着当地的学研机构的科研水平和知识创造能力。双一流高校越多，知识创造能力越强，越有利于吸引企业参与产学研协同创新。

产学研协同创新不仅需要高科技人才的科研攻关，而且有赖于广大劳动者将创新项目落地，转化为现实生产力。所以人力资本质量水平整体越高，越能够消化新技术，越有助于产学研协同创新目标的实现。目前所谓的科研成果转化率低，专利被束之高阁，其根本原因还是科研成果质量不高，不能适应企业的市场需求。要提高科研成果水平，还是依赖人力资本质量。

5. 市场化程度

市场化程度越高，竞争越充分，企业创新需求越强烈，资源配置的效率越高，产出高端的科技创新成果更能够满足市场的需求，产学研协同创新推进越顺畅。

6. 政府教育投入力度

协同创新本质是知识创新，知识创新有赖于高素质的人才，人才的培养需要依靠政府的教育投入。因此政府教育投入力度为产学研协同创新创造了良好的基础性保障。

7. 中介组织和法制环境

中介组织发育越完全，分工越细，越能为产学研之间的协同搭建起桥梁和纽带作用，法律制度越完善，越能保障各方的权利义务的履行，从而增加合作的需求。

另外，针对全社会固定资产投资额负向影响产学研协同度，可以理解为我国尚处在由要素驱动、投资驱动向创新驱动的过渡阶段，固定资产投资更多的是硬件投入和要素投资，会在一定程度上挤出对协同创新的需求。

根据交互探测因子分析可以看出，区域人力资本质量是促进区域产学研协同的基础，因此，其所反映的学研机构知识创造能力是影响产学研协同的深层次根源性因素。在以企业为主体、市场为导向、产学研深度融合的协同创新模式指引下，当企业具备通过充分吸收外部创新要素转化为自身创新能力的时候，在市场化条件下，企业会寻求外部创新资源的支持，通过政府的大力支持，学研机构的知识创造能力能有效地匹配企业的需求，从而实现区域产学研协同度的提升，因此存在着企业实力—市场化—政府支持—学研机构知识创造能力—协同度间接非线性传导机制，说明当前发展阶段应从学研机构和企业等创新主体、主体间关系、环境营造三维视角来辨析协同度的影响机制。

五、本章小结

本章综合运用地理探测器、多元回归分析方法等研究了产学研协同度空间分异主导因素和作用机制。研究结果表明：

第一，经济发展水平、企业科研实力、金融支持力度、创新氛围、市场化程度、政府教育投入力度、中介组织和法制环境是产学研协同时空分异的主导因素，而对外开放程度、政府规模等对产学研协同度的影响不显著。市场容量负向影响产学研的协同度。

第二，学研机构知识创造能力是影响产学研协同的深层次根源性因素。

第三，在以企业为主体、市场为导向、产学研深度融合的协同创新模式指引下，存在着企业科研实力—市场化—政府支持—学研机构知识创造能力—协同度间接非线性传导机制。

第七章
区域产学研协同优化提升的策略

　　创新是打造企业核心竞争力、塑造区域竞争实力和提升综合国力的根本途径和不竭动力，然而无论是个体企业还是单个区域都无法掌握可持续发展的全部科学技术，科技创新活动都建立在知识的快速迭代更新和跨领域、跨组织集成创新的基础上，技术不断交叉融合的创新是当前的主流趋势，产学研协同创新是不可逆转的主流创新范式，是提高自主创新能力、实现创新预期目标的有效手段。但是，当前区域产学研协同创新发展不平衡、不充分，特别是中西部地区的产学研协同程度低，制约了区域创新绩效的提升，影响整个国家创新发展战略的实现。

　　中华人民共和国第一架飞机、第一辆柴油轮式拖拉机、第一辆军用边三轮摩托车、第一枚海防导弹，都在江西诞生。但改革开放后，随着东部地区的率先发展，江西经济渐趋落后，进入 21 世纪，全省工业总量长期居中部 6 省倒数第 2，周边 7 省倒数第 2，全省工业企业有研发机构和研发活动的比重分别仅为 15.6%、23%，技术创新成果转化率不到 20%，产业化率仅 5%，创新成为推动制造业高质量发展的重要掣肘。随着以数字化、智能化、网络化为特点的第四次工业革命的快速兴起，数据、信息、知识、技术等新型生产要素日益成为驱动产业升级和经济增长的强大动力源。江西如何在第四次工业革命到来时实现跟跑、并跑、领跑，弯道超车、变道超车、换道超车，创新既是第一动力又是根本途径。特别是江西虽地处中部地区，又紧邻东部沿海发达地区，不东不西，既是劣势，也是优势，无论是产业发展水平还是学研机构的数量或质量相对于东部或中部其他地区都较弱，但是如果区域内或区域间的协同创新整合得好，实现"1+1+1>3"，就很有可能弯道超车，跨越式发展。

江西无论是协同创新的深度、广度，还是持久度远未能达到创新型省份建设的需求。根据本书计算结果，2017 年江西创新绩效为 0.425，列第18，而江西的产学研协同性为 0.360，仅列第 20，如表 7.1 所示，区域产学研协同度既远低于周边地区的产学研协同度，也落后于区域创新绩效的位次，制约了区域创新绩效的进一步提升，其作为欠发达地区也具有一定的代表性。通过提高区域产业学研协同度，提升创新要素之间相互作用的强度和有序度，从而提升区域创新绩效水平，是促进区域经济高质量发展、跨越式发展的重要举措。

表 7.1　江西产学研协同性和区域创新绩效情况

地区	2008 年	2009 年	2010 年	2011 年	2012 年	2013 年	2014 年	2015 年	2016 年	2017 年	集结值	位次
协同度	0.347	0.348	0.350	0.350	0.351	0.353	0.353	0.355	0.358	0.360	0.353	18
创新绩效	0.397	0.399	0.400	0.404	0.407	0.410	0.412	0.418	0.422	0.425	0.411	20

通过前文的实证分析，在测量区域产学研协同度的基础上，验证了区域产学研协同与区域创新绩效的正向关系，然后从经济环境、文化环境、市场环境、制度环境等维度识别出了影响区域产学研协同度的主导因素，并发现了学研机构的知识创造能力是影响区域产学研协同度的根源因素及其传导机制。为此本章立足于江西，基于实证分析得出的研究结论，借鉴国内外产学研协同创新实践成功经验，结合三重螺旋理论、共生理论中的三要素理论等，在政府、金融机构、中介组织等共生环境保障主体层面上，以企业和学研机构等共生主体为核心，构建区域产学研协同三维共生模型，并尝试探索运用区域产学研协同三维共生模型，从共生主体（点）的内驱策略、共生关系（线）的协调策略、共生环境（面）的保障策略三维角度探讨优化区域产学研协同性的对策，以期推动区域创新绩效的提

升，促进创新型省份建设。

一、产学研协同三维共生模型

高校、科研机构和企业是区域产学研创新的三大直接创新主体，政府、金融、中介机构是重要的辅助创新主体。就其基本角色而言，企业是创新的核心主体，大学和科研机构是创新的源泉，中介服务机构是创新的桥梁和纽带，金融机构是创新的资金来源，政府是创新的宏观调控者，多元主体共同参与研发新技术的多重共生组织。

企业只有持续不断的创新，才能应对日趋激烈的市场经济挑战，拥有创造超额利润的能力。对企业而言，技术供给主要有自主研发、外部购买、外部合作三种途径，即便是技术实力雄厚的企业也无法拥有创新活动所需的全部资源，从外部寻求资源来支撑创新成为企业的必经之路，由此产学研协同创新变得尤其重要（杨林和柳洲，2015）。从图 7.1 中可以看出，企业研发经费在全部研发经费支出中的占比近 20 年来逐年提高，逐步确立了企业在创新核心主体的地位。

学研机构作为知识创造、技术产生和人才培养的重要载体，具有庞大的创新性人才队伍、先进的科研仪器设备、前沿的知识技术，但是这些优势能否顺利转化为现实生产力还有赖于市场信息的引导和研发资金的支持（Drejera & Jorgensenb，2005）。通过企业、学研机构间的协同互动，企业将产品研发的市场信息和所需资金输送给学研机构，而学研机构则利用自身的人才、知识和技术优势，将这些优势科技资源配置到能够产生重要经济与社会效益的自主创新研发项目上，帮助企业实现产品创新和技术革新，在促进创新资源整合集聚、优化配置与高效利用的同时提升区域创新绩效（Gulbrandaena & Smebyb，2005）。当然，学研机构只有不断地产生新的知识和技术，培养高素质的人才，才能不断地从政府、企业和社会获取资源，从而促进其自身的发展（苏竣和姚志峰，2007）。

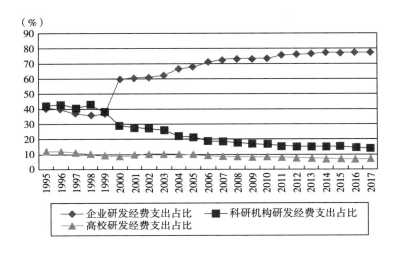

图 7.1 1995 ~ 2017 年按支出部门分研发经费支出情况

　　产学研协同创新本质是一种知识生产活动，其外溢性特征会引发创新活动的"市场失灵"，政府、金融机构、科技中介服务组织等辅助创新主体的支持便成为促进产学研协同创新发展的重要力量，可以通过营造有利于产学研协同创新的环境推动创新活动的开展。例如，政府拥有资金和组织调控能力，是技术创新政策和环境的创造者，是联结创新供需方的桥梁和纽带；通过改善基础设施条件直接为主体的创新活动提供便利；通过制定相关的政策法规，规范直接主体的创新行为，降低交易成本；通过直接资助的方式，弥补创新主体研发资金的不足。金融机构可为创新主体协同创新活动提供融资支持；利用自身专业和信息优势对创新项目进行评估、筛选和监督，减少盲目投资；帮助创新主体对项目的投资组合进行优化，分散和降低投资风险，提高创新收益等。在协同创新过程中，最重要的还是要发挥市场在配置产学研各方资源和优势等方面的基础性地位，遵循市场经济规律，实现互惠互利、合作共赢。产学研协同创新战略的实施从根本上说是要建立以市场调节为主、政府行政调节为辅、企业、学研机构在市场配置中双向互动、良性循环的充满生机活力的体制机制（许霆，2012）。

　　为此，本章基于共生理论中的三要素理论，在政府、金融机构、科技中介服务组织等辅助创新主体的保障下，以企业、学研机构等直接创新主体为核心，构建区域产学研协同三维共生模型，如图7.2所示，然后从共生主体（点）的内驱策略、共生关系（线）的协调策略、共生环境（面）的保障策略三维角度探讨区域产学研协同优化提升的对策机制。用机制创新为科技创新开路，优化区域产学研协同，提升区域创新绩效。

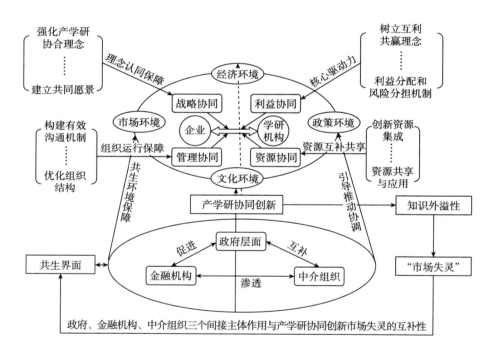

图7.2　区域产学研协同三维共生模型

二、共生单元的内驱策略

企业、高校、科研院所作为协同创新的直接主体，其在协同创新过程中呈现的素质和内驱动力是协同创新形成和产生良好绩效的前提和基础（周青等，2012），而且学研机构的知识创造能力是影响区域产学研协同的深层次根源因素，因此要从观念引导、能力提升、制度建设、利益保障等方面提升创新主体参与协同创新的能力基础和协同创新的积极性。

（一）学研机构层面

当创新复杂程度较低时，各组织为掌控核心技术、降低协调成本等，一般倾向于自主研发，只有当技术创新难度大、复杂程度高、风险性强时企业寻求内外整合资源，进行创新合作的意愿加强，此时学研机构创新能力的强弱成为企业选择产学研合作创新伙伴的重要指标，是实现产学研协同创新的重要前提。学研机构是创新知识的主要供给方，而且创新知识只有找到其出路或出口才能实现知识的价值，这就决定了高校具有参与产学研协同创新的内在动力。正是因为学研机构有企业可能需要的技术，才能形成企业与学研机构之间物质、能量、信息交换的共生关系。通过与行业企业开展协同创新，促进教学科研与科技、经济相融合，可以将学研机构的研究成果推广应用于现实生产，提升社会服务能力，从而获取更多的市场、信息、物质资源，提高高校综合办学能力，提高学研机构的人才培养质量和科学研究能力（蒋兴华，2017）。因此，产学研协同创新是学研机构凝练研究方向、提升学术竞争力、推动成果转化、拓展发展空间、扩大社会影响力的重要支撑，应当是学研机构激活企业，而不是企业激活高校（吴伟等，2013；谢鸿全等，2014）。

1. 深化协同发展意识，提高产学研协同的积极性和主动性

高校承担着人才培养、科学研究、社会服务、文化传承四大功能，不仅要在新知识的发现上做出贡献，更需要在新知识的扩散和应用上做出重要贡献。然而，受现行的管理体制的约束和传统思维观念的束缚，高校积极主动地走出校园参与协同创新的意愿还不够强烈。要通过培养科学家的企业家思维，自上而下地树立起没有产学研协同就难有突破型知识创新的意识，引导教学科研人员将人才培养、科学研究与社会发展需求和国家重大发展战略紧密结合，积极寻求外部创新力量与内部优质资源的有机融合，打破分散封闭，加强校内外协同，提高知识产出、扩散和应用效果（吴绍芬，2013）。

2. 增强知识创新能力，提高对接产业技术创新需求的本领

只有学研机构具备较高的自主创新能力，才能为企业创新提供那些亟须又不具备的知识和技术，才能切实提高产学研合作的协同度（王娜娜，2018）。高等学校特别是研究型大学，既是高层次创新人才培养的重要基地，也是基础研究和高技术领域创新成果的重要源泉，既要服务好企业的现实需求，也要引领企业、市场的潜在需求。江西作为欠发达地区，教育底子和经济基础一样薄，仅有1所高校入围国家"双一流"院校，学研机构整体的知识创造能力偏弱，服务区域创新发展的能力有限。因此要大力提升学研机构的创新能力，特别是围绕当地产业发展需求的行业共性关键性技术展开集中攻关，将学研机构人员创新创业意识和能力培养作为重中之重，强化科研人员关注有实践潜力的科学研究，使之成为经济社会发展的重要引擎，既服务于今天的产业，更引领明天的产业。

3. 夯实人才根基，为学研机构知识创新和企业技术创新提供全方位的人才保障

学研机构是培养高层次创新人才的主要基地，是人才第一资源和科技第一生产力结合的主阵地，人才资源的数量和质量会制约或推动物质投入的产出效率，影响创新产出的质量和效益。欠发达省份区域创新绩效弱的根本原因是创新性人才不足，同时人才流失严重。因此，要将教学、科研

和社会服务有机结合，大力培育具有创新精神和较强实践能力的复合型人才；要引导企业优秀人才来校担任兼职，同时鼓励教师深入企业服务，让相互交流往来蔚然成风，异质性知识得以有效融合（王文静和张卫，2019），推进协同育人，夯实人才根基。

4. 推进制度创新，形成有利于产学研协同的体制机制

对于学研机构来说，要建立产学研协作办公室，如高校知识产权办公室、技术转移办公室等，引导、协助教学科研机构、科研人员与企业的接触，识别可以进行商业化的技术，主动寻求与企业的深度融合。高校人才培养、学科建设和科学研究职能是内在统一、相辅相成的，在产学研协同创新成为趋势和潮流的同时，高校内部各功能之间、院系之间的协同创新也应是提高高校创新能力和办学水平的重要途径，通过不同学科之间的学科交叉和深度融合，促进新发现、新知识的形成，通过教学科研机构与职能机构之间的协同，提升整体解决问题的能力。要改革高校现行的职称评聘制度、日常工作考核制度和科技成果评价制度，在教师业绩评价中，改变以论文、专著、课题层次作为职称评聘、晋升的主要依据，而是要教学与科研相结合、基础研究与应用研究相平衡，将科研成果转化率等作为业绩考核指标，分类评价，形成多种路径的晋升晋职通路，鼓励教师百花齐放、各展所长。引导科研人员结合产业需求开展基础研究，鼓励教师兼职技术转移和产业化工作，增加科研奖励中个人奖励的部分，调动个人参与协同创新的积极性；重视横向课题在科研人员职称评聘晋级中的分量，引导科研人员主动寻求与企业的交流合作。

（二）企业层面

企业与市场的关系最为紧密，以市场为导向的研发指向性最明确，也最终要通过企业将创新转化为经济价值，才能从根本上实现知识创新的价值。因此企业提出创新需求是产学研协同创新的起点，企业将创新产业化转变为经济价值是产学研协同创新的终点。在整个过程中，要充分发挥企业在产学研协同创新中的主体作用。

1. 苦练内功，提高企业的消化吸收能力

企业 R&D 吸收能力是企业识别评价、吸收内化和利用新的外部知识完成企业目标的综合能力，也即外部获取创新知识、利用知识，将其转化为商业价值实现知识增值的能力（Lane & Lubatkin，1998；Chesbrough et al.，2006）。企业持续竞争优势取决于对内外资源的融合能力，内部资源属于内生变量，相对比较稳定，因此，企业持续竞争优势在很大程度上有赖于企业对外部知识源的吸收能力（Collis & Montgomery，1999；谢园园等，2011）。企业要加强知识累积，努力缩短与学研机构的技术差距，在产学研合作中获得良好的学习效果，消化吸收异质性知识，提高技术产品商业化运用的能力。

2. 增加投入，提高企业的技术创新能力

学研机构作为主要由政府资助的公益机构，其知识产出本质具有公共物品的属性，但企业创造的知识是典型的私人物品，具有内在的天然动力，而且企业研发投入对区域创新系统绩效的促进作用要高于其他主体（李柏洲和朱晓霞，2007）。尽管这些年江西的研发经费投入增速在全国位列前五，但是由于基础薄弱，过半数以上的上市企业的研发投入强度没有达到全国 4.87% 的平均水平，制约着企业创新水平的提升和区域创新体系建设。企业特别是大型企业必须加大 R&D 投入力度，提升企业自身的技术创新能力，才有可能提升产学研合作的层次，在产学研协同创新过程中实现最新的科技成果转化，提升企业的核心竞争力。

3. 扎实推进大企业战略，促进产业集群和空间集聚

江西大企业数量少，如 2018 年中国 500 强上榜的江西企业仅有江西铜业集团有限公司、江铃汽车集团有限公司、正邦集团有限公司、江西方大钢铁集团有限公司、新余钢铁集团有限公司、双胞胎（集团）股份有限公司、江西省建工集团有限责任公司，其中仅江西铜业集团有限公司进入了全国 100 强行列。而且百强企业入围门槛远低于周边其他省份。大企业数量少且都是重资产的制造业企业，导致集群集聚辐射作用有限，对区域产业引领作用较弱，也影响创新资源的集聚和市场容量。要促进大企业的兼

并重组整合，包括前向一体化和后向一体化，大力发挥优势主导产业的增长极带动作用，促进创新要素在一定空间范围内的集聚，加速知识的创新和流动，以区域内龙头企业为主体，共建产学研一体化的协同创新体，促使交易成本内部化，有效弥补协同创新中的市场失灵，降低创新成本。

4. 发挥考核导向作用，促进企业重视自主创新

国有企业是产学研协同创新的主力军，加大对国有企业负责人经营业绩考核中技术创新能力维度的考核，充分发挥考核的指挥棒作用，将企业的研发投入情况和创新产出作为对国有企业负责人业绩考核的重要指标，同时培养企业家的科学家思维，引导企业积极参与协同创新。

三、共生关系的协调策略

产学研协同创新的本质是将知识创新与科技创新有机协同，产学研协同创新关键是要解决好学研机构与企业分别作为知识创造主体和技术创新主体进入孵化新技术领域中的协同共生关系。共生关系连接方式包括点共生、间歇共生、连续共生、一体化共生四种连接方式（张雷勇等，2013），体现在协同创新系统中就是指协同创新主体物质、能量、信息交流互动的广度、深度纵深化发展，而要持续深化共生关系，要在战略协同、利益协同、管理协同、资源协同等机制上下功夫，促使产学研共生单元相互协调、协同发展、共同进化。

（一）战略协同

构建协同的战略目标是推进企业和学研机构协同共生、促进协同创新活动有序开展的前提。每个组织都拥有专属、独特的文化，而组织间的文化冲突会破坏由多个异质性组织构成的跨组织知识联盟的战略合作关系，

妨碍知识在联盟内的有序流动和共享，影响主体间的协同度，因此必须通过战略目标的协同统一方向，促进协调行为的产生。学研机构将科学技术的突破放在首位，目的是推动学科发展，多出原创性成果，但同时缺乏市场观念，成本意识。企业将市场效益放在首位，技术突破仅仅是市场开拓的手段，成本控制意识强。表面看是存在理念目标的差异，但其实它们的基本目标是一致的，即满足人民对美好生活的向往和需要，所以找到大同是基础，加强正确认识，在不同创新主体间建立共同愿景，实现战略目标的协同一致。

（二）利益协同

利益协同是产学研协同创新的核心，直接影响着产学研各方的协同动力、协同广度和深度。提升协同度的实质是各区域创新行为主体在信息不对称下通过有效的制度安排来强化互补效应与弱化冲突效益而形成的净增益的过程（李虹和张希源，2016）。所以，利益协同是协调企业和学研机构协同共生关系的关键。

应加强对利益协同的共识，尽管企业是以获利为导向，重在关注产学研协同创新带来的经济价值；高校以科研为导向，重在关注学术价值，但是学术成果最终要转化为商业价值才能有效衡量其学术价值的大小，所以二者本质上并不矛盾。在现实操作过程中，不仅对研究直接衡量学术价值，而且可以通过对产业化后的商业价值推断其学术价值，以此作为衡量学研机构科研人员的科研和业绩水平，增加成果奖励中的个人占比，以调动科研人员主动参与服务企业协同创新的积极性和主动性；同时要淡化学研机构主体物质利益的诉求，让利于企业、政府和社会，将知识转化为生产力最终服务社会作为学研机构参与协同创新的价值诉求（王曼骅，2016）。要构建有效的利益分配机制，学研方的学术价值和企业的商业价值利益诉求不一致，呈现形式难以精确计算直接比较评价标准不一导致分歧较大（陈忠卫，2014），在协同创新开展之初，就要将协同过程中的权利义务、资金使用、利益分配、产权归属等问题界定清晰，使各主体形成稳定的预期，引导各方在利益分配过程中树立整体意识、长远意识、共赢意识。

（三）管理协同

管理协同是实现产学研协同创新的具体抓手。要成立由不同创新主体成员共同组成的联络组织机构，畅通主体间的沟通，缩短创新主体间的组织距离，建立跨组间的人员、知识、信息、技术等资源的计划、组织、领导和控制机制，促进隐性知识共享、学习，实现协同创新的预期目标（吴慈生等，2009）。建立人员互派制度，让科研人员更好地了解企业需求，解决企业在技术创新中的难题，让企业人员更多地走进高校、走进学生，介绍最新的市场需求，商业动态，在科学研究、人才培养进行广泛深度的合作，增进相互理解和配合，增进互信，建立长期、稳定、紧密的合作关系。优化产学研协同形式，通过联合开展科技攻关、合作创办高新技术企业和科技园区、共同建立研发平台、联合培养创新人才、构建产业技术创新战略联盟等形式建立强连接，促进交易成本内部化。

（四）资源协同

资源协同是实现产学研协同的物质保障。在产学研协同创新过程中，涉及人员、资金、知识、信息、设备等各类创新资源和要素，特别是随着产学研协同创新模式的多元化发展，传统的委托开发或技术转让的产学研协同模式越来越少，而联合攻关、共建科研实体、产学研联盟等协同创新模式日趋广泛，在技术研发、中试及商业推广等阶段均要求保持资源优势的互补和分工协同，才能实现异质性资源的共享与应用，资源整合协同任务越来越重，难度也越来越大。因此，要成立专门办公室，以项目制形式对接创新资源的获取、组织、分配等工作，借助互联网、大数据、云平台等，科学统筹好信息、人员、资金、设备等资源的协同，发挥创新资源整合的最大效用。

四、共生环境的保障策略

产学研协同创新从本质上说仍然是一种知识生产活动，其外溢性特征会引发创新生产"市场失灵"，降低私人投资的积极性，导致协同创新过程面临资金短缺、创新资源配置不合理、创新网络不健全，以及各协同创新主体之间的利益分配矛盾等问题都会增加产学研协同创新系统的不稳定性和创新失败的风险。实证分析表明，区域经济发展水平、金融机构参与协同创新的支持力度、政府对教育的投入力度、中介组织和法制环境等共生环境对产学研协同性有显著影响。共生环境的完善有力地促进了共生单元的能力提升，以及共生单元之间的相互作用、相互协同，从而提高共生效率，降低共生风险。协同创新有效实现不仅取决于产学研等协同创新共生主体间的协同，还取决于政府、金融、中介机构等间接主体构成的外部创新环境和公共服务对协同创新的引导推动和协调，即创新过程中影响创新主体进行创新的各种外部因素组成的共生环境的影响（熊肖雷和李冬梅，2016）。

（一）政府层面

完全竞争条件下，无法解决创新动力不足问题，因此需要政府的介入。政府行使主要职能的目的在于利用政策、制度、法律，发挥政府在目标引领、创新平台搭建、扫除协同障碍、创造协同创新联盟机会等方面的作用，弥补市场作用的不足，降低创新主体间的交易成本，为协同创新活动提供便利，规范协同创新行为，保障产学研协同创新项目顺畅而有效地运行（李金海等，2013），对协同创新的实施和效果起着重要的影响作用。

1. 进一步强化对科技创新在经济社会发展中重要贡献的认识

科技创新是经济社会发展的先导，思想又是行动的先导，要推动体制机制变革，首先要解决思想和观念的问题。各区域各级政府要始终坚定对科技是第一生产力、人才是第一资源的正确认识，才能更好地找准经济社会发展的突破口；加强创新文化建设，营造鼓励创新、宽容失败、支持创新、服务创新的良好氛围；加大各类政策的宣传力度，确保各类创新政策"红包"公众知晓，提高创新主体对各类政策的利用程度。

2. 推进市场化水平

实证分析结果表明，市场化水平对区域产学研协同度有显著影响。因此要大力推进市场化水平，充分发挥市场在资源配置中的决定性作用。

（1）政府要摆正自身角色，既不缺位，也不越位，强化服务导向，提升市场化水平。要意识到产业政策既能起导向激励作用，也可能会对企业的创新行为产生挤出效应。要重视市场竞争在产学研协同创新资源配置中的决定性作用，着力打造"五型"（忠诚型、创新型、担当型、服务型、过硬型）政府建设，深化"放管服"改革，促成以企业为主体、市场为导向、产学研深度融合的产学研协同科技创新体系的真正形成。

（2）加大对外开放力度，促进区域间的空间联动。创新要素会从边际收益率低的区域向边际收益率高的区域流动，江西处于长三角、珠三角的辐射范围区，应充分利用学习沿海发达地区的创新资源，加强区域硬件基础设施建设，切实打造"四最"（政策最优、成本最低、服务最好、办事最快）营商软环境，加大对外开放力度，促进省外、境外的人才、技术、知识、管理等优质创新资源的流入，引导外商投资高附加值、高科技、低能耗、低污染产业，提升区域对外开放水平和层次，促进产学研协同创新。

3. 加大对协同创新的经济支持力度

由于协同创新外部性的存在，产业自发的研发投入会低于整个社会实现最优福利的投入水平，因此政府需要采取政策激励手段引导产学研协同创新的投入和发展（庞兰心和官建成，2018）。政府经济支持创新的主要手段有财政政策、科研经费投入、税收优惠、政府采购等，其中财政政策、科研经费投入属于直接的经济政策，税收优惠、政府采购则属于间接经济支持。

（1）持续加大研发投入和科技创新人才培养。研发投入强度是区域创新竞争力的重要体现，而基础研究经费的98%来自政府部门（朱迎春等，2017）。我国从2013年开始研发投入强度始终保持在2%以上，但是与发达国家相比，赶超空间依然很大。江西2018年R&D经费投入310.69亿元，比上年增加54.89亿元，R&D经费投入强度仅为1.41%，远低于国家的平均水平，研发投入增长空间依然很大。实施创新驱动发展战略，尤其要千方百计加大研发投入力度，提高投入资金的使用效率。创新的主体是人，要持续加大教育投入，把人才资源培养放在科技创新的优先位置，以教育的大发展推进科技的大发展，提升高校科学研究、人才培养、社会服务水平，促进协同创新绩效提高。

（2）加大财政政策和产业政策引导力度。在重大基础研究、产业关键性技术的创新与突破上，政府可有效地化解市场失灵，要成立区域重点产业的创新发展基金，以企业为主体、市场为导向，构建产学研协同创新联盟，研发领域由产业界确定，为这类创新提供资金和政策的支持，支持围绕行业共性技术展开研究的产学研结合项目，提升区域产业现代化水平，以产业大发展反哺产学研协同创新。要增强产业自信，对本地区的创新产品和服务给予激励性的政府采购政策，保持科技产业化的市场需求，呵护创新型企业的发展壮大，有效地激发地区企业的创新积极性。

（3）加大税收优惠引导力度，精准对标鼓励产学研协同创新。例如，美国早在20世纪80年代就出台了《经济复苏税收法案》，明确规定向高等教育机构提供研发资金的企业可根据提供资助额享有相应免税优惠（武学超，2010）。要出台专门针对产学研合作的税收优惠和补贴政策，引导企业积极、主动参与产学研协同创新项目。严格落实国家关于企业的各类减税降费政策，放水养鱼，培植税源，促进当地企业做大做强。

（4）加大政府各部门如财政部门、科技部门、教育部门、发改委等部门间的协同，在财政支持、产业政策、金融服务、税务扶持、人才保障等方面要多管齐下，为协同创新营造良好的政策环境支持，使各项政策能够协同共促，有效落实，落地生根，发芽结果。

4. 加大法律法规政策保障力度，厘清市场和政府的职能界限

中国在产学研协同领域的法规政策尚存在空白，无法提供充足的规范和保护。规范产学研协同创新各主体在协同创新过程中的利益关系，加大知识产权的保护力度，引导协同创新良性发展，加大对违法、侵害合作主体利益的侵权行为的惩戒力度，是产学研协同创新良性发展的重要前提。

（1）将财政、税收、信贷等方面给予的倾斜与优惠政策制度化法制化规范化，营造良好的政策支持规范化环境。

（2）加大知识产权的保护力度，规范创新主体的合作行为。高效成果转化是协同创新的核心目标，而知识产权的保护是促进成果转化的核心要素，要不断完善产权制度，加强知识产权相关的法律制度的完善，规范各方行为，强化法律的实施效力，保护各方利益，促进产学研协同创新。

（3）完善信息公开强制披露制度。加强对创新主体的信息采集，科技成果的市场价值评价，促进各方的信息对称，加深协同各方对彼此的了解，增进互信，促进协同创新项目的顺利实施以及长期、深度的合作。

5. 加大公共创新服务平台建设，为产学研间的合作创造广阔舞台

通过政府搭台，产业和学研机构唱戏，努力降低协同创新主体间的沟通成本、谈判成本、履约成本等，提高协同成效。

（1）要在认真总结“2011协同创新中心”运行成效的基础上，进一步完善产学研协同创新中心建设。自“2011高等学校创新能力提升计划”启动以来，我国建立了一批产学研协同创新中心，但效果如何、推广价值怎样有待于进一步深化总结和完善。要在认真总结前期运行经验的基础上，进一步优化资源配置效率和项目资金投入产出效率，促进学科的交叉融合、校企的协同创新（刘天佐和张顺衡，2019）。积极创建国家、省级重点试验室、工程技术中心、大学科技园等技术研发平台以及技术集成交换平台、成果转化平台，为产学研各方协同搭建合作交流舞台。在科技项

目审批中，重点支持企业、学研机构联合申报的科研项目，积极引导产学研科研联盟平台的建立。

（2）要加强多样化的平台建设。公共服务平台除包含仪器设备采购平台、技术集成交换平台、成果转化平台、合作交流平台等基本服务功能外，还要基于云计算、大数据等 IT 新技术和第三方专业信用风险评价等构建智慧辅助决策系统平台，引导各创新主体的资源共享，为产业界提供追踪企业发展急需的新知识的入口，信息互通，促进新知识新技术产业化和科技成果商业价值的实现。如江西省成立了省校企合作信息服务平台，对接高校、企业的需求，深化产教融合和产学研合作，要积极引导产学合作各方充分利用服务平台，以发挥平台的更大作用。

（3）支持科技中介服务组织的发展。中介机构在促进创新主体间知识流动、技术转移、网络构建、成果价值评估、风险分析与产业化推进等方面发挥着不可替代的作用。中介机构包括大学科技园、创业园、孵化器、生产力促进中心、创业服务中心、科技评估中心等，通过提供政策、技术咨询、平台搭建、信息服务、人员培训、融资担保、市场开发、成果推广、技术价值的评估等服务，促进各创新主体间的协同，政府要积极引导支持科技中介服务的发展，包括营利性科技中介服务组织的发展。

（二）金融机构层面

在由要素驱动、投资驱动向创新驱动转变的发展阶段，金融机构作为重要的协同创新辅助主体，不仅可以为主体创新活动提供融资支持，也可以在参与协同创新过程中分享创新成果的财富，推动金融机构自身的发展。因此本书所指的金融机构不仅指政策性银行的支持，更包括商业性银行等营利性金融机构对协同创新的支持。

1. 发挥金融机构的资金支持作用

尽管创新驱动发展战略可以相对节省对物质资源和生态环境资源的消耗，但是并不减少资金的投入。因为任何一项创新成功，在其研究开发、成果转化、产业化应用的各个阶段，均对资金有着不断放大的需求，没有金融资本的支持，知识创新就如"无水之源，无本之木"（徐玉莲和王宏起，2012）。为此，金融机构要积极介入协同创新主体的相关项目，提供必要的融资支持与保障，形成财政资金、金融资本和社会资本有机融合的科技创新多元投入机制。

2. 发挥项目把关作用，提高项目可行性

选择信任度高的产学研协同创新合作伙伴是有效进行协同创新活动的前提，金融机构通过建立产学研协同创新信任评审体系，考察服务对象的文化背景、合作信誉、产学协同创新经历、知识的转移和吸收能力等，可以帮助协同创新主体找到合适的合作伙伴，在产学研主体之间建立互信桥梁。此外，金融机构利用自身的专业和信息优势对主体创新项目进行评估、筛选、监督，其严格审查机制有助于产学研协同创新项目的筛选，助力好的产学研协同创新项目脱颖而出，淘汰可能的劣质项目，对产学研协同创新项目进行事中、事后监管，促进协同创新预期效果的实现。

3. 完善风险投资机制

在美国有一半以上的中小企业在其技术创新和科技成果转化过程中得到风投的资助。金融机构可以协助创新主体对创新项目投资进行组合优化，通过风投、银行、保险等金融机构协同支持产学研协同创新，创新金融工具、金融制度、金融服务等科技金融支持体系，分散和降低投资风险，使财政科技投入、风险投资和科技资本市场并驾齐驱，促进协同创新融资和信用体系的完善，创新贷款、风险投资等多元投融资体系，切实改善协同创新融资难、资金短缺难题。

4. 指导产学研协同创新联盟股份制运作

通过帮助产学研协同创新联盟制订股权激励计划，给予创新联盟的核心成员一定的股权激励，引导构建多方风险共担、利益共享的共同体。

（三）中介组织层面

科技中介服务组织在产学研协同创新过程中与政府功能形成了互补，在知识生产、知识共享、知识转移过程中发挥着沟通黏结、咨询服务、协调重组等不可替代的重要作用，特别针对于欠发达地区，组织个体的创新力量薄弱，借助于中介组织的黏结作用将创新资源协同整合，有助于提高创新主体间创新资源配置的效率，在产学研协同共生系统中构成产学研的有介质共生界面。然而相较于西方发达国家，我国科技服务中介组织发展历程短，仅在20世纪90年代末才逐渐引起关注，且功能不完善，服务能力弱，制约了协同创新的快速发展。因此，要高度重视科技中介服务组织的发展，推动其在产学研协同创新过程中应有作用的发挥，联通科技创新成果走向产业市场的最后一公里。

1. 建立第三方的沟通监督约束机制

由于企业、学研机构等核心创新主体在知识结构、文化理念、利益诉求等方面存在这样或那样的差异，在产学研协同创新过程中应该有意识地借助第三方促进核心创新主体间的交流，促进产学研等核心创新主体间的相互了解和信任。信息、声誉、制度等因素是影响产学研各方信任的重要因素，要建立专业的评估机构认定科技成果的价值，建立业内失信黑名单制，将减少协同创新主体的筛选和交易成本。

2. 发挥桥梁和纽带作用

将研发供给端和产业需求端融合对接，使知识的创新符合市场的需求，同时引领产业的发展，促成研发成果的产业转化，将科技、知识真正转化为现实生产力。例如，现行学研机构人员职称晋升最重要的衡量指标就是纵向课题完成数量和质量，而纵向课题选题范围主要关注基础科学和前沿技术领域，忽视技术产业化方面的研究，题目也主要由政府拟定，政府又是委托专家学者制定，忽视市场需求。中介、行业协会等组织要在推动政府选题范围中发挥影响作用，基于对产业现状的充分了解向政府提出行业共性技术市场化需求广泛的课题指南。运用市场机制，建立中介服务协同创新的组织模式，帮助企业开拓市场、调配资源、维护市场秩序、制定行业标准等，提供科技评估、技术交易、技术咨询服务，发挥中介在创新要素流动、扩散和溢出过程中的桥梁和纽带作用。

3. 提升自身的专业化水平和服务能力

科技中介要努力提升自身在科技评估、创新资源配置、创新决策和管理咨询等专业化服务的能力，充分发挥它们在对接产学研等主体，提供信息查询、科技成果有序转化等方面的作用，让协同创新主体聚焦主业，集中精力于核心的知识创新，将一些次要的辅助的工作交由科技中介服务机构去完成，有效降低创新成本、化解创新风险、降低创新主体间的信息不对称性，加快科技成果转化、提高整体创新功效。

五、本章小结

产学研协同创新突破传统的组织边界，力图通过资金、知识、人员、设备、信息等创新资源的互联互通，弥补单个创新主体创新资源不足、创新风险大、创新周期长等缺陷，实现创新绩效的提升，其本质是一种重要的管理创新。要实现整个区域创新绩效的提升，必须高度重视产学研协同的提升，努力营造优化产学研协同性的环境和氛围。所以，本章基于共生理论中的三要素理论，在政府、金融机构、中介组织等共生环境保障主体的层面上以企业和学研机构等共生主体为核心，从战略协同、利益协同、管理协同、资源协同切入设计企业与学研机构之间的协同机制，构建区域产学研协同三维共生模型，并尝试探索运用区域产学研协同三维共生模型，从共生主体（点）的内驱策略、共生关系（线）的协调策略、共生环境（面）的保障策略三维角度提出了区域产学研协同性优化，助力区域创新绩效提升的策略建议。

第八章
结论与展望

一、结论

本书以区域产学研创新主体之间的协同度对区域创新绩效的影响为立足点，紧紧围绕区域产学研之间的协同度如何测量？区域产学研协同度受哪些因素影响，影响机理如何？区域产学研协同度与区域创新绩效间的关系如何？如何优化提升产学研之间的协同度以促进区域创新绩效的提高？即围绕区域产学研协同性测度、功能和驱动因素展开科学分析，开展了一系列工作，得到了相应的结论：

首先，基于系统论、协同论、三重螺旋理论等构建由学研机构子系统、企业子系统、协同效应子系统等组成的区域产学研协同创新复合系统，确定相应的序参量指标体系，利用熵权法和 AHP 层次分析法进行组合赋权。在此基础上，运用 Topsis—灰色关联动态耦合协调度模型对 2008 ～ 2017 年中国 30 个省份的区域产学研之间的协同度进行测量，并利用泰尔指数、探索性空间数据分析方法对区域产学研协同度的空间分布格局、聚集状态、异质特征和演化规律进行剖析。研究结果表明：①北京、江苏、广东、浙江、上海等东部地区产学研协同度最高，而甘肃、贵州、新疆、宁夏、海南、青海等地区产学研协同度最低；②区域产学研协同度呈现东高西低的非均衡发展态势，东部地区产学研协同度的内部差异尤其明显，同时存在空间集聚自相关特征。

其次，基于区域创新理论构建区域创新绩效评价指标体系，运用双重激励动态综合评价模型对2008~2017年中国30个省份的创新绩效进行测量，利用泰尔指数和探索性空间数据分析方法分析区域创新绩效的时空格局分布，与区域产学研协同度的空间分异特征进行对照比较分析。同时利用面板回归分析法对区域产学研协同度与区域创新绩效间的关系进行实证分析。研究结果表明：①我国区域创新绩效差异非常大，广东、江苏、北京、浙江、上海、山东属于第一方阵，创新绩效水平较高；贵州、甘肃、内蒙古、山西、新疆、宁夏、青海等属于末端方阵，且都属于中西部地区，创新水平低，区域间不平衡现象严重。②区域产学研协同度和区域创新绩效存在着相似的时空分布格局，但区域产学研协同度自相关程度低于区域创新绩效自相关程度。③区域产学研协同度正向影响区域创新绩效，而且东部、中部地区产学研协同度对区域创新绩效的影响远大于西部地区产学研协同度对区域创新绩效的影响。

再次，应用文献研究、专家咨询、地理探测器、多元逐步回归分析等方法科学准确识别影响区域产学研协同度的主导因素、根源因素及影响机制。研究结果表明：①区域经济发展水平、金融机构参与支持创新的力度、企业科研实力、人均受教育程度、区域双一流院校数、市场化水平、政府教育经费投入、中介组织和法律制度环境等是影响区域产学研协同性的主导因素；②学研机构知识创造能力是影响产学研协同的深层次根源性因素；③在以企业为主体、市场为导向、产学研深度融合的协同创新模式指引下存在企业科研实力—市场化—政府支持—学研机构知识创造能力—协同度间接非线性传导机制，说明当前发展阶段应从创新主体、主体间关系、环境营造三维视角来辨析区域产学研协同度的影响机制。

最后，在比较借鉴主要发达国家，美国、日本、英国、德国等的产学研协同创新实践经验基础上，基于产学研协同三维共生模型，提出优化区域产学研协同度、提升区域创新绩效的对策机制：①学研机构、企业等创新主体（点）的内驱策略。②创新主体间关系（线）的战略协同、利益协同、管理协同、资源协同策略。③政府、金融机构、中介组织等创新主体外部环境（面）的保障策略，围绕这三个方面进行了详细阐述。

二、展望

　　本书关于区域产学研协同度的研究虽然取得了初步的成功，但围绕区域创新体系建设，区域创新绩效的提升尚有许多有待进一步开展深入研究的工作，未来拟将从以下几方面展开研究。

　　第一，对区域产学研协同性测度、功能和驱动因素的研究遵循"影响因素—产学研协同度—区域创新绩效"的研究逻辑，侧重研究区域产学研协同度的测度，产学研协同度的驱动因素和提升区域产学研协同度的对策建议。但是对产学研协同度如何影响区域创新绩效，尚未进行深入剖析。

　　未来将进一步分析产学研协同度如何影响区域创新绩效，判断其中是否存在某种中介效应或调节效应？以及产学研协同度对区域创新绩效的影响是否存在门槛效应。

　　第二，主要从区域层面探讨区域内学研机构、企业等核心创新主体在政府、金融机构、科技服务中介组织等辅助创新主体的支持下开展产学研协同创新活动的区域产学研协同度，侧重宏观视角，主要研究了影响产学研协同度的经济环境、文化环境、市场环境和政策环境等外部影响因素。但是企业家的领导风格、企业内部管理制度、学研机构的学科特点、合作氛围等个体内部因素也是影响产学研协同度的重要因素。

　　因此，深入微观层面构建产学研协同度的衡量指标体系和评价方法，并验证微观创新主体特征对产学研协同度的影响，以及创新个体间的协同度对合作项目创新绩效的影响是下一步研究的内容方向。

第三，协同创新主要定位于围绕关键共性技术、前沿技术突破的产学研协同创新，主要是研究型大学、科研院所的知识创新与高新技术企业的技术创新的结合。实际上针对传统产业的转型升级、工艺和产品革新、管理创新以及企业技术技能人才培训等方面的产学研合作也是各类高等院校、科研院所发挥作用的广阔舞台。

因此，未来将进一步关注一般院校围绕企业需求开展科学研究、人才培养、社会服务等渐进性创新的产学研结合问题，在持续不断的渐进性创新中寻求突破，助力区域创新绩效的整体提升。

参考文献

［1］洪银兴．产学研协同创新研究［M］．北京：人民出版社，2008．

［2］蒋伏心，华冬芳，胡潇．产学研协同创新对区域创新绩效影响研究［J］．江苏社会科学，2015（5）：64 – 72．

［3］陈劲，阳银娟．协同创新的理论基础与内涵［J］．科学学研究，2012（2）：161 – 164．

［4］陈劲，郑刚．创新管理——赢得持续竞争优势（第三版）［M］．北京：北京大学出版社，2016．

［5］殷辉，陈劲．新兴和成熟产业中企业对学研行为的演化博弈仿真分析［J］．科技管理研究，2015，35（7）：97 – 102．

［6］Eom B Y, Lee K. Determinants of industry – academy linkages and the impact on firm performance：The case of Koreas as a latecomer in knowledge industrialization［J］. Reseach Policy, 2010, 39（5）：625 – 639．

［7］邵汉华，周磊，刘耀彬．中国创新发展的空间关联网络结构及驱动因素［J］．科学学研究，2018，36（11）：2055 – 2069．

［8］刘友金，易秋平，贺灵．产学研协同创新对地区创新绩效的影响——以长江经济带11省市为例［J］．经济地理，2017，37（9）：1 – 10．

［9］武玉英，闫佳，何喜军．京津冀高技术产业技术供需协同研究［J］．科技管理研究，2018，38（5）：117 – 123．

［10］冯海燕．产学研合作的协同效应及路径优化研究［D］．北京交

通大学，2018.

　　［11］于天琪．产学研协同创新模式研究——文献综述［J］．工业技术经济，2019，38（7）：88－92.

　　［12］张钢，陈劲，许庆瑞．技术、组织与文化的协同创新模式研究［J］．科学学研究，1997（2）：56－61.

　　［13］解学梅．中小企业协同创新网络与创新绩效的实证研究［J］．管理科学学报，2010（8）：51－64.

　　［14］刘丹，闫长乐．协同创新网络结构与机理研究［J］．管理世界，2013（12）：1－4.

　　［15］解学梅，左蕾蕾．企业协同创新网络特征与创新绩效：基于知识吸收能力的中介效应研究［J］．南开管理评论，2013（3）：47－56.

　　［16］曹达华，朱桂龙，邓颖翔．吸收能力对产学研合作效率调节作用的实证研究［J］．科技管理研究，2012，32（11）：9－12.

　　［17］吴友群，赵京波，王立勇．产学研合作的经济绩效研究及其解释［J］．科研管理，2014，35（7）：147－153.

　　［18］王帮俊，吴艳芳．区域产学研协同创新绩效评价——基于因子分析的视角［J］．科技管理研究，2018，38（1）：66－71.

　　［19］解学梅，徐茂元．协同创新机制、协同创新氛围与创新绩效——以协同网络为中介变量［J］．科研管理，2014，35（12）：9－16.

　　［20］蔡翔，赵娟．大学—企业—政府协同创新效率及其影响因素研究［J］．软科学，2019，33（2）：56－60.

　　［21］吴笑，魏奇锋，顾新．协同创新的协同度测度研究［J］．软科学，2015（7）：45－50.

　　［22］李林，杨泽寰．区域创新协同度评价指标体系及应用——以湖南省14地市州为例［J］．科技进步与对策，2013（19）：109－114.

　　［23］严红，尹继东，许水平．"2011计划"实施以来协同创新研究热点与前沿分析——基于CiteSpace引文空间可视化分析方法的实证研究［J］．科学管理研究，2019（1）：13－15.

［24］任淑荣．基于熵值法的企业技术创新能力区域差异研究［J］．统计与决策，2014（16）：178－181．

［25］李海东，王帅，刘阳．基于灰色关联理论和距离协同模型的区域协同发展评价方法及实证［J］．系统工程理论与实践，2014，34（7）：1749－1755．

［26］杜栋，庞庆华，吴炎．现代综合评价方法与案例精选［M］．北京：清华大学出版社，2012．

［27］范德成，杜明月．中国工业技术创新资源配置时空分异格局研究——以经济新常态为视角［J］．科学学研究，2017，35（8）：1167－1178．

［28］彭程，陈志芬，吴华瑞，等．基于 ESDA 的城市可持续发展能力时空分异格局研究［J］．中国人口·资源与环境，2016，26（2）：144－151．

［29］王劲峰，徐成东．地理探测器：原理与展望［J］．地理学报，2017，72（1）：116－134．

［30］Ansoff H. Corporate strategy（Revised edition）［M］．New York：McGraw－HillBook Company，1987．

［31］Brookes B. Foundations of information science（Part IV）［J］．Journal of Information Science，1981（3）：8－13．

［32］吴彤．自组织方法论论纲［J］．系统辩证学学报，2001（2）：4－10．

［33］李祖超，梁春晓．协同创新运行机制探析——基于高校创新主体的视角［J］．中国高教研究，2012（7）：81－84．

［34］Serrano. V，Fischer T. Collaborative innovation in ubiquitous systems［J］．Journal of Intelligent Manufacturing，2007，18（5）：599－615．

［35］饶扬德．市场、技术及管理三维创新协同机制研究［J］．科学管理研究，2008（4）：46－49．

［36］倪鹏飞．国家竞争力蓝皮书：中国国家竞争力报告［M］．北

京：社会科学文献出版社，2010．

［37］姚艳虹，夏敦．协同创新动因——协同剩余：形成机理与促进策略［J］．科技进步与对策，2013（20）：1－5．

［38］鲁若愚．企业大学合作创新的机理研究［D］．清华大学，2002．

［39］张学文，陈劲．面向创新型国家的产学研协同创新：知识边界与路径研究［M］．北京：经济科学出版社，2014．

［40］李忠云，邓秀新．高校协同创新的困境、路径及政策建议［J］．中国高等教育，2011（17）：11－13．

［41］解学梅，左蕾蕾，刘丝雨．中小企业协同创新模式对协同创新效应的影响——协同机制和协同环境的双调节效应模型［J］．科学学与科学技术管理，2014（5）：72－81．

［42］霍妍．产学研合作评价指标体系构建及评价方法研究［J］．科技进步与对策，2009，26（10）：125－128．

［43］王志宝，孙铁山，李国平．区域协同创新研究与展望［J］．软科学，2013，27（1）：1－4＋9．

［44］Corning P A．"The synergism hypothesis"：On the concept of synergy and its role in the evolution of complex systems［J］．Journal of Social and Evolutionary Systems，1998，21（2）：133－172．

［45］孟庆松，韩文秀．复合系统协调度模型研究［J］．天津大学学报，2000（4）：444－446．

［46］彭纪生．中国技术协同创新论［M］．北京：中国经济出版社，2000．

［47］桑秋，张平宇，苏飞，等．20世纪90年代以来沈阳市人口、经济、空间与环境的协调度分析［J］．中国人口·资源与环境，2008（2）：115－119．

［48］王进富，张颖颖，苏世彬，等．产学研协同创新机制研究——一个理论分析框架［J］．科技进步与对策，2013，30（16）：1－6．

［49］王婉娟，危怀安．协同创新能力评价指标体系构建——基于国家重点实验室的实证研究［J］．科学学研究，2016（3）：471－480.

［50］徐晔，陶长琪，丁晖．区域产业创新与产业升级耦合的实证研究——以珠三角地区为例［J］．科研管理，2015，36（4）：109－117.

［51］张怡梦，尚虎平．中国西部生态脆弱性与政府绩效协同评估——面向西部45个城市的实证研究［J］，中国软科学，2018（9）：91－103.

［52］李虹，张希源．区域生态创新协同度及其影响因素研究［J］．中国人口·资源与环境，2016，26（6）：43－51.

［53］王兆君，任兴旺．农业产业集群化与城镇化协同度对农业经济增长的关系研究——以山东省为例［J］．农业技术经济，2019（3）：106－118.

［54］朱磊，彭耿，刘芳．人口—产业—资源协同发展对贫困的影响研究——以湖南武陵山片区为例［J］．资源开发与市场，2018，34（2）：218－224.

［55］卞元超，白俊红，范天宇．产学研协同创新与企业技术进步的关系［J］．中国科技论坛，2015（6）：38－43.

［56］黄青．产学研合作政策与高校知识创新链关系的研究［D］．浙江理工大学，2016.

［57］解学梅，曾赛星．创新集群跨区域协同创新网络研究述评［J］．研究与发展管理，2009（1）：9－17.

［58］陈悦，陈超美．引文空间分析原理与应用［M］．北京：科学出版社，2014.

［59］严红，尹继东，许水平．基于CiteSpace的国内协同创新研究热点与前沿分析［J］．信息与管理研究，2019，4（1）：87－96.

［60］李林，刘志华，王雨婧．区域科技协同创新绩效评价［J］．系统管理学报，2015（4）：563－568.

［61］李林，范方方，刘绍鹤．协同创新项目多阶段动态利益分配模

型研究［J］．科技进步与对策，2017（3）：14－19.

［62］李林，贾佳仪，杨葵．基于合作博弈的协同创新项目的风险分担［J］．社会科学家，2015（3）：64－68.

［63］解学梅．企业协同创新影响因素与协同程度多维关系实证研究［J］．科研管理，2015（2）：69－78.

［64］解学梅，刘丝雨．协同创新模式对协同效应与创新绩效的影响机理［J］．管理科学，2015（2）：27－39.

［65］解学梅，吴永慧．企业协同创新文化与创新绩效：基于团队凝聚力的调节效应模型［J］．科研管理，2013（12）：66－74.

［66］解学梅．协同创新效应运行机理研究：一个都市圈视角［J］．科学学研究，2013（12）：1907－1920.

［67］王海军，王竹芳，宋红英等．产学研协同创新视角下的模块商嵌入模式研究［J］．科技管理研究，2016（16）：6－11.

［68］毕颖，明炬．基于知识三角的大学跨学科研究组织协同创新动力模型构建［J］．科技进步与对策，2015（9）：136－140.

［69］邹晓东，刘晓璇，刘叶．国际典型协同创新平台机制建设的经验借鉴与启示［J］．中国行政管理，2015（12）：130－132.

［70］唐震，汪洁，王洪亮．EIT产学研协同创新平台运行机制案例研究［J］．科学学研究，2015（1）：154－160.

［71］刘志华，李林，姜郁文．我国区域科技协同创新绩效评价模型及实证研究［J］．管理学报，2014，11（60）：861－868.

［72］解学梅．都市圈协同创新机理研究：基于协同学的区域创新观［J］．科学技术哲学研究，2011（1）：95－99.

［73］涂振洲，顾新．基于知识流动的产学研协同创新过程研究［J］．科学学研究，2013，31（9）：1381－1390.

［74］王海军，冯军政，邹华．协同创新视角下战略性模块供应商的评价及管理机制研究［J］．科研管理，2016，37（30）：1－12.

［75］何郁冰．产学研协同创新的理论模式［J］．科学学研究，2012

（2）：165－174.

[76] 胡恩华，刘洪. 基于协同创新的集群创新企业与群外环境关系研究 [J]. 科学管理研究，2007（3）：23－26.

[77] 唐丽艳，王国红，张秋艳. 科技型中小企业与科技中介协同创新网络的构建 [J]. 科技进步与对策，2009（20）：79－82.

[78] 罗晓梅，黄鲁成，王凯. 基于 CiteSpace 的战略性新兴产业研究 [J]. 统计与决策，2015（6）：142－145.

[79] 周春彦. 大学—产业—政府三螺旋创新模式——亨利·埃茨科维兹《三螺旋》评介 [J]. 自然辩证法研究，2006（4）：75－77，82.

[80] 罗晓梅，黄鲁成. 基于文献计量的新兴产业领域研究综述：1985－2012 [J]. 情报杂志，2014，33（1）：67－71.

[81] 范太胜. 基于产业集群创新网络的协同创新机制研究 [J]. 中国科技论坛，2008（7）：26－30.

[82] 张力. 产学研协同创新的战略意义和政策走向 [J]. 教育研究，2011（7）：18－21.

[83] 熊励，孙友霞，蒋定福等. 协同创新研究综述——基于实现途径视角 [J]. 科技管理研究，2011（14）：15－18.

[84] 吴悦，顾新. 产学研协同创新的知识协同过程研究 [J]. 中国科技论坛，2012（10）：17－23.

[85] 李长萍，尤完，刘春. 中外高校产学研协同创新模式比较研究 [J]. 中国高校科技，2017（8）：14－17.

[86] 陈晓红，解海涛. 基于"四主体动态模型"的中小企业协同创新体系研究 [J]. 科学学与科学技术管理，2006（8）：37－43.

[87] 叶仕满. 协同创新：高校提升创新能力的战略选择 [J]. 中国高校科技，2012（3）：16－19.

[88] 陈劲，王方瑞. 突破全面创新：技术和市场协同创新管理研究 [J]. 科学学研究，2005（S1）：249－254.

[89] Aokimasahi Y, Harayama. Industry－university cooperation to take

on here from［J］. Research Institute of Economy, Trade and Industry, 2002（4）: 42 – 49.

［90］Chesbrough H. W. Open innovation: The new imperative for creating and profiting from technology［M］. Cambridge: Harvard Business Review Press, 2005: 113 – 134.

［91］Gloor P A. Swarm creativity: Competitive advantage through collaborative innovation networks［M］. USA: Oxford University Press, 2005.

［92］Serrano V. Collaborative Innovation in Ubiquitous Systems［J］. Journal of Intelligent Manufacturing, 2007, 18（5）.

［93］Cohen W, Levinthal D. Absorptive capacity: A new perspective on learning and innovation［J］. Administrative Science Quarterly, 1990, 35（1）: 128 – 152.

［94］The Board of Trade of Metropolitan Montreal and Léger Marketing. The Québec University System: Industry Weighs［R］. In the Board of Trade of Metropolitan Montreal and Léger Marketing, 2010.

［95］Abreau M, Grinevich V, Hughes A, Kitson M. Knowledge exchange between academics and the business, Public and Third Sectors［R］. UK – Innovation Research Centre, 2009.

［96］Mowery D C. Collaborative R&D: How effective is it?［J］. Issues in Science and Technology, 1998, 15（1）: 37 – 44.

［97］Heller M A, Eisenberg R S. Can patents deter innovation? The anticommons in biomedical research［J］. Science, 1998, 280（5）: 698 – 701.

［98］Oke A, Kach A. Linking sourcing and collaborative strategies to financial performance: The role of operational innovation［J］. Journal of Purchasing and Supply Management, 2012, 18（1）: 46 – 59.

［99］Koberg C S, Detienne D R, Heppard K A. An empirical test of environmental, organizational, and process factors affecting incremental and radical innovation［J］. The Journal of High Technology Management Research, 2003,

14 (1)：21 - 45.

[100] Nadler D A, Tushman M L. Designing organizations that have good Fit: A framework for understanding new architectures [J] . Organizational Architecture, 1992 (39)：56.

[101] Philbin S. Measuring the performance of research collaborations [J] . Measuring Business Excellence, 2008, 12 (3)：16 - 23.

[102] Bstieler L. Effectiveness of relational and contractual governance in new product development collaborations: Evidence from Korea [M] . Technovation, 2015：45 - 46.

[103] Blomqvist K, Levy J. Collaboration capability - A focal concept in knowledge creation and collaborative innovation in networks [J] . International Journal of Management Concepts & Philosophy, 2017, 2 (2)：31 - 48.

[104] Powell W W, Koput K W, Smith - Doerr L. Interorganizational collaboration and the locus of innovation: Networks of learning in biotechnology [J] . Administrative Science Quarterly, 1996, 41 (1) ：116 - 145.

[105] Aris A. The anchor tenant hypothesis: Exploring the role of large, local, R&D - intensive firms in regional innovation systems [J] . International Journal of Industrial Organization, 2003, 21 (9)：1227 - 1253.

[106] Fontana R. Factors affecting university industry R&D projects: The importance of searching, screening and signaling [J] . Research Policy, 2006, 35 (2) .

[107] Roberto Antonietti. Inward green field FDI and innovation [J] . European Journal of Operational Research, 2015 (42)：93 - 116.

[108] Alecke B, Mitze T, Reinkowski J, et al. Does firm size make a difference? Analysing the effectiveness of R&D subsidies in east Germany [J] . German Economic Review, 2012, 13 (2)：174 - 195.

[109] Brostrom A. The Triple Helix: University - industry - government innovation in action - By Henry Etzkowitz [J] . Papers in Regional Science,

2011, 90（2）：441 – 442.

［110］Koschatzky K, Sternberg R. R&D cooperation in innovation systems—some lessons from the European regional innovation survey（ERIS）［J］. European Planning Studies, 2000, 8（4）：487 – 501.

［111］Becker W, Dietz J. R&D cooperation and innovation activities of firms—evidence for the German manufacturing industry［J］. Research Policy, 2004, 33（2）：209 – 223.

［112］Beers C V, Zand F. R&D cooperation, partner diversity, and innovation performance：An empirical analysis［J］. Journal of Product. Innovation Management, 2014, 31（2）：292 – 312.

［113］赫尔曼. 哈肯. 协同学——大自然构成的奥秘［M］. 凌复华译. 上海：上海世纪出版集团, 2005.

［114］Burg E V, Berends H, Raaij E M V. Framing and interorganizational knowledge transfer：A process study of collaborative innovation in the aircraft industry［J］. Journal of Management Studies, 2014, 51（3）：349 – 378.

［115］范柏乃, 余钧, 三重螺旋模型的理论构建、实证检验及修正路径［J］. 科学学研究, 2014（10）：1552 – 1558, 1568.

［116］亨利. 埃茨科威兹, 国家创新模式——大学、产业、政府"三螺旋"创新战略［M］. 北京：东方出版社, 2006.

［117］Ahmdajina V. Symbiosis：An introduction to Biological Association［M］. Englana：University Press of New England, 1986.

［118］Martin R, Sunley P. Slow convergence? The new endogenous growth theory and reginoal development［J］. Economic Geography, 1998, 74（3）：201 – 227.

［119］袁纯清. 共生理论——兼论小型经济［M］. 北京：经济科学出版社, 1998.

［120］Debary A. Die erscheinung der symbiose：Vortrag［M］. Verlag von Karl J. Trubner, 1879.

［121］司尚奇，曹振全，冯锋．研究机构和企业共生机理研究——基于共生理论与框架［J］．科学学与科学技术管理，2009（6）：15－19.

［122］陈金梅，马虎兆．滨海新区与浦东新区、中关村科技园区发展比较研究［J］．上海经济研究，2015（1）：107－113.

［123］马守磊，刘玮，刘净净，等．推动校企协同创新建设世界科技强国——中英校企协同创新研讨会综述［J］．高等工程教育研究，2016（4）：61－65.

［124］蓝晓霞，刘宝存．美国政府推动产学研协同创新的路径探析［J］．中国高教研究，2013（6）：64－68.

［125］胡建华．"产学结合"是高校协同创新的重要途径——以日本为例［J］．南京师大学报（社会科学版），2012（5）：30－37.

［126］王迪．国外产学研合作的主要模式与启示［J］．中国高校科技与产业化，2008（7）：32－34.

［127］曹青林．协同创新与高水平大学建设［J］．华中师范大学学报（人文社会科学版），2014，53（1）：169－176.

［128］李晓慧，贺德方，彭洁．美、日、德产学研合作模式及启示［J］．科技导报，2017，35（19）：81－84.

［129］周小丁，黄群．德国高校与企业协同创新模式及其借鉴［J］．德国研究，2013，28（2）：113－122，128.

［130］张哲．产业集群内企业的协同创新研究［M］．北京：人民交通出版社，2011：149.

［131］吴卫红，陈高翔，张爱美．基于状态空间模型的政产学研资协同创新四螺旋影响因素实证研究［J］．科技进步与对策，2018，35（14）：22－29.

［132］Haken H. Synergetics：An introduction［M］．Berlin：Spring－Verlag，1983.

［133］Philbin S. Measuring the performance of research collaborations［M］．Measuring Business Excellence，2008，12（3）：16－23.

［134］Simatupang T M, Sridharan R. The collaboration index：A measure for supply chain collaboration ［J］. International Journal of Physical Distribution & Logistics Management, 2005, 35（1）：44 – 62.

［135］邢建军, 李洋. 区域创新网络要素间协同能力的测度——基于知识资本扩张路径 ［J］. 标准科学, 2010（4）：78 – 82.

［136］贺灵, 单汨源, 邱建华. 创新网络要素及其协同对科技创新绩效的影响研究 ［J］. 管理评论, 2012, 24（8）：58 – 68.

［137］孙萍, 张经纬, 林彤. 辽宁省产学研合作模式探析 ［J］. 科技管理研究, 2014, 34（10）：70 – 74.

［138］白俊红, 卞元超. 政府支持是否促进了产学研协同创新 ［J］. 统计研究, 2015, 32（11）：43 – 50.

［139］叶鹰, 鲁特·莱兹多夫, 武夷山. 三螺旋模型及其量化分析方法研讨 ［J］. 中国软科学, 2014（11）：131 – 139.

［140］范建红, 费玉婷, 陈怀超. 煤炭企业产学研创新系统的协同度研究 ［J］. 科技管理研究, 2019, 39（9）：179 – 185.

［141］孟庆松, 韩文秀. 复合系统整体协调度模型研究 ［J］. 河北师范大学学报, 1999（2）：38 – 40.

［142］郗英, 胡剑芬. 企业生存系统的协调模型研究 ［J］. 工业工程, 2005（2）：30 – 33.

［143］马骁. 基于复合系统协同度模型的京津冀区域经济协同度评价 ［J］. 工业技术经济, 2019, 38（5）：121 – 126.

［144］Onnela J P, Saramaki J, Kertesz J, et al. Intensity and coherence of motifs in weighted complex networks ［J］. PhRvE, 2005, 71（6）：1 – 4.

［145］齐昕, 刘家树. 创新协同度、区域创新绩效与自主品牌竞争力 ［J］. 软科学, 2015（7）：56 – 59.

［146］武玉英, 魏国丹, 何喜军. 京津冀高技术制造业与要素协同度测度及实证研究 ［J］. 软科学, 2016, 30（5）：21 – 25.

［147］武春友, 郭玲玲, 于惊涛. 基于 TOPSIS—灰色关联分析的区域

绿色增长系统评价模型及实证［J］．管理评论，2017，29（1）：228－239．

［148］张海涛，李泽中，刘嫣，等．基于组合赋权灰色关联 TOPSIS 的商务网络信息生态链价值流动综合评价研究［J］．情报科学，2019，37（12）：150－158．

［149］李美娟，陈国宏，林志炳，等．基于理想解法的动态评价方法研究［J］．中国管理科学，2015，23（10）：156－161．

［150］张媛媛，袁奋强，刘东皇，等．区域科技创新与科技金融的协同发展研究——基于系统耦合理论的分析［J］．技术经济与管理研究，2017（6）：71－76．

［151］史翔翔．区域协同创新系统动态评价模型及实证研究［D］．南昌大学，2019．

［152］甘小文，毛小明．基于 AHP 和灰色关联的产业承接地工业园区产城融合度测度研究——以江西 14 个国家级工业园区为例［J］．南昌大学学报（人文社会科学版），2016，47（5）：88－95．

［153］李旭辉．基于 AHP—熵权组合赋权的人文社会科学发展评价模型及实证——以财经类高校为例［J］．科技管理研究，2016（20）：53－58．

［154］祝影，王飞．基于耦合理论的中国省域创新驱动发展评价研究［J］．管理学报，2016，13（10）：1509－1517．

［155］Capello R，Lenzi C．Spatial heterogeneity in knowledge，innovation，and economic growth nexus：Conceptual reflections and empirical evidence［J］．Journal of Regional Science，2014（2）：186－214．

［156］Freeman C．Technology policy and economic performance：Lesson from Japan［J］．London：Frances Printe，1987．

［157］OECD．National innovation systems［M］．Paris：OECD Publications，1996．

［158］Cooke P．Regional innovation systems：Competitive regulation in the New Europe［J］．Geoforum，1992（23）：365－382．

［159］黄鲁成．关于区域创新系统研究内容的探讨［J］．科研管理，

2000（2）：43－48.

［160］王缉慈．创新空间——企业集群与区域发展［M］．北京：北京大学出版社，2001.

［161］王松，胡树华，牟仁艳．区域创新体系理论溯源与框架［J］．科学学研究，2013，31（3）：344－349，436.

［162］周青，刘志高，朱华友，等．创新系统理论演进及其理论体系关系研究［J］．科学学与科学技术管理，2012，33（2）：50－55.

［163］Santoro M D. Success breeds successive linkage between relationship intensity and tangible outcomes in industry－university collaborative ventures［J］. The Journal of High Technology Management Research，2000，2（11）：255－273.

［164］Fan D C，Tang X X. Performance evaluation of industry－university－research cooperative technological innovation based on fuzzy integral［A］//International Conference on Management Science & Engineering. Moscow：Management Science and Engineering，2009：1789－1795.

［165］Valentin F，Jensen R L. Discontinuities and distributed innovation：The case of biotechnology in food processing［J］. Industry & Innovation，2003，10（3）：275－310.

［166］孙善林，彭灿．产学研协同创新项目绩效评价指标体系研究［J］．科技管理研究．2017，37（4）：89－95.

［167］程慧平，万莉，黄炜，等．中国省际R&D创新与转化效率实证研究［J］．管理评论，2015，27（4）：29－37.

［168］肖振红，范君荻．科技人力资源投入对区域创新绩效的影响研究［J］．科学学研究，2019，37（11）：1944－1954.

［169］冀梦晅．科技财政支出对省级区域创新绩效影响研究［J］．青海社会科学，2019（5）：125－130.

［170］邓若冰．研发要素市场扭曲对区域创新绩效的影响研究［J］．现代经济探讨，2019（10）：108－116.

［171］刘志华．区域科技协同创新绩效的评价及提升途径研究［D］．湖南大学，2014.

［172］中国科技发展战略研究小组．中国区域创新能力评价报告［M］．北京：科学技术文献出版社，2018.

［173］Li Xi bao. China's regional innovation capacity in transition：An empirical approach ［J］. Research Policy, 2009（38）：338－357.

［174］赵增耀，章小波，沈能．区域协同创新效率的多维溢出效应［J］．中国工业经济，2015（1）：32－44.

［175］郝向举，薛琳．产学研协同创新绩效测度现状及方法改进［J］．科技管理研究，2018，38（11）：1－5.

［176］于明洁，郭鹏，张果．区域创新网络结构对区域创新效率的影响研究［J］．科学学与科学技术管理，2013（8）：56－63.

［177］张发明．综合评价基础方法及应用［M］．北京：科学出版社，2018.

［178］张发明．基于双重激励模型的动态综合评价方法及应用［J］．系统工程学报，2013，28（2）：248－255.

［179］马赞福，郭亚军，张发明，等．一种基于增益水平激励的动态综合评价方法［J］．系统工程学报，2009，24（2）：243－247.

［180］Saxenian A. Regional advantage—Culture and competition in silicon valley and route 128 ［M］. Cambridge, MA：Harvard Univer－sity Press, 1998.

［181］Cainelli G, Mancinelli S, Mazzanti M. Social capital and innovation dynamics in district－based local systems ［J］. The Journal of Socio－economics. 2007, 36（6）：932－948.

［182］Nieto María J, Santamaría L. The importance of diverse collaborative networks for the novelty of product innovation ［J］. Technovation, 2007, 27（6－7）：367－377.

［183］陈光．企业内部协同创新研究［D］．西南交通大学，2005.

［184］Diez J. D. Innovative networks in manufacturing：Some empirical evidence from the metropolitan area of barcelona ［J］. Technovation，2000（20）：139－150.

［185］白俊红，江可申，李婧. 应用随机前沿模型评测中国区域研发创新效率 ［J］. 管理世界，2009（10）：51－61.

［186］杨浩昌，李廉水. 协同创新对制造业经济绩效影响的实证研究 ［J］. 中国科技论坛，2018（7）：81－87.

［187］张克英，吴晓曼，庞凯，等. 创新协同度与企业创新绩效的关系——组织学习的中介效应 ［J］. 科技管理研究，2017，37（15）：147－154.

［188］Giovannetti E，Piga C. A. The contrasting effects of active and passive cooperation on innovation and productivity：Evidence from British local innovation networks ［J］. Int. J. Production Economics，2017（187）：102－112.

［189］杜丽，苗成林. R&D 投入对区域技术创新绩效的影响作用关系——基于东部地区面板数据的实证分析 ［J］. 安徽理工大学学报（社会科学版），2015，17（4）：36－40.

［190］董锋，树琳，李靖云，等. 产学研协同创新效率及提升路径研究 ［J］. 运筹与管理，2018，27（10）：185－192.

［191］翁异静. 公共就业规模和结构优化的机理与模型 ［D］. 南昌大学，2015.

［192］张省. 地理邻近促进产学研协同创新吗？——基于多维邻近整合的视角 ［J］. 人文地理，2017，32（4）：102－107.

［193］水常青，郑刚，许庆瑞. 影响中国大中型工业企业协同创新要素的实证研究 ［J］. 科学学与科学技术管理，2004（12）：44－48.

［194］郭斌，谢志宇，吴惠芳. 产学合作绩效的影响因素及其实证分析 ［J］. 科学学研究，2003（S1）：140－147.

［195］崔雪松，王玲. 企业技术获取的方式及选择依据 ［J］. 科学学与科学技术管理，2005（5）：141－144.

［196］刘炜，樊霞，吴进．企业产学研合作倾向的影响因素研究［J］．管理学报，2013（5）：740－745.

［197］邵景峰，王进富，马晓红，吴生，刘勇．基于数据的产学研协同创新关键动力优化［J］．中国管理科学，2013，21（S2）：731－737.

［198］段晶晶．产学研协同创新绩效提升路径研究——一个理论分析框架［J］．内蒙古社会科学（汉文版），2014，35（2）：119－123.

［199］王娜娜．高校自主创新与产学研合作创新协同度研究［J］．中国高校科技，2018（10）：31－33.

［200］程强，顾新，昌彦汝．基于文化协同的知识链知识协同研究［J］．图书馆，2019（2）：33－38.

［201］冉云芳，石伟平．企业参与职业院校校企合作成本、收益构成及差异性分析——基于浙江和上海67家企业的调查［J］．高等教育研究，2015（9）：56－66.

［202］朱厚望．解析高职教育校企深度融合［J］．教育与职业，2013（35）：24－26.

［203］高为群，吴飞．职业院校校企合作深度融合探索研究——以江苏省交通技师学院为例［J］．职教论坛，2014（23）：51－54.

［204］邱栋，吴秋明．产学研协同创新机理分析及其启示——基于福建部分高校产学研协同创新调查［J］．福建论坛（人文社会科学版），2013（4）：152－156.

［205］马丽，李林，黄冕．发达国家产业协同创新对中部区域产业创新的启示［J］．科技进步与对策，2014（23）：33－37.

［206］陈卫东，李晓晓．企业与科研单位协同创新产出水平提升机制［J］．系统工程理论与实践，2017，37（8）：2141－2151.

［207］甄晓非．协同创新模式与管理机制研究［J］．科学管理研究，2013，31（1）：21－24.

［208］张海滨．高校产学研协同创新的影响因素及机制构建［J］．福州大学学报（哲学社会科学版），2013，27（3）：104－107.

［209］何海燕，王子文，姜李丹，等．我国产学研协同创新影响因素研究——基于 Ordered Logit 模型实证分析［J］．华东经济管理，2014，28（9）：106－110.

［210］毕娟．京津冀科技协同创新影响因素研究［J］．科技进步与对策，2016，33（8）：49－54.

［211］邱晓飞，张宇庆．产学研协同创新影响因素分析及应对［J］．中国高校科技，2016（Z1）：48－49.

［212］易秋平，刘友金，贺灵．产学研协同创新效率的时空演变及提升对策——基于空间杜宾模型的研究［J］．湖湘论坛，2017，30（5）：91－101.

［213］王帮俊，赵雷英．基于扎根理论的产学研协同创新绩效影响因素分析［J］．科技管理研究，2017，37（11）：205－210.

［214］崔志新，陈耀．区域技术创新协同的影响因素研究——基于京津冀和长三角区域面板数据的实证分析［J］．经济与管理，2019，33（3）：1－8.

［215］Martnezrom G J，Tamayo J．Analysis of innovation in SMEs using an innovative capability－based non－linear model：A study in the province of Seville（Spain）［J］．Technovation，2011，31（9）：459－475.

［216］张雷勇，冯锋，肖相泽，等．产学研共生网络：概念、体系与方法论指向［J］．研究与发展管理，2013，25（2）：37－44.

［217］李林，傅庆．产学研主体创新效率对区域创新的影响研究［J］．科技进步与对策，2014（5）：45－49.

［218］王钰莹，原长弘，张树满．企业产学研主体地位对创新绩效的影响——吸收能力的中介作用与双元情境的调节作用［J］．科技进步与对策，2020，37（1）：10－17.

［219］傅利平，王向华，王明海．区域创新系统研究综述［J］．生态与农村环境学报，2011，27（6）：8－13.

［220］杨洪涛，吴想．产学协同创新知识转移影响因素实证研究

［J］．科技进步与对策，2012，29（14）：117－121.

［221］Carnevale D G. Organizational trust：A test of a model of its determinants ［D］. Florida，1988.

［222］Barney J，Hansen M. Trust worthiness as a source of competitive advantage ［C］. Paper Given at the Australian Graduate School of Management，University of New South Wales，Sydney，1995.

［223］解学梅，方良秀．国外协同创新研究述评与展望［J］．研究与发展管理，2015（4）：16－24.

［224］张廷．社会资本视角下的地方高校协同创新研究［J］．中国科技论坛，2013（4）：16－20.

［225］薛克雷，潘郁，叶斌，等．产学研协同创新信任关系的演化博弈分析［J］．科技管理研究，2014，34（21）：11－16.

［226］赖德胜，王琦，石丹淅．高等教育质量差异与区域创新［J］．教育研究，2015，36（2）：41－50.

［227］石惠敏，李强．创新氛围与企业创新能力［J］．财会月刊，2019（6）：125－135.

［228］党文娟，张宗益，康继军．创新环境对促进我国区域创新能力的影响［J］．中国软科学，2008（3）：52－57.

［229］简泽，谭利萍，吕大国，等．市场竞争的创造性、破坏性与技术升级［J］．中国工业经济，2017（5）：16－34.

［230］刘修岩，陆旸．出口贸易对中国区域创新能力影响的实证分析［J］．东南大学学报（哲学社会科学版），2012，14（5）：55－59.

［231］李鹏，陈维花．产学研协同创新影响因素实证分析［J］．经济视角，2017（3）：46－52.

［232］张满银，张丹．京津冀地级市区规模以上工业企业创新效率分析［J］．经济经纬，2019，36（1）：26－33.

［233］罗琳，魏奇锋，顾新．产学研协同创新的知识协同影响因素实证研究［J］．科学学研究，2017，35（10）：1567－1577.

［234］蔡翔，赵娟. 大学—企业—政府协同创新效率及其影响因素研究［J］. 软科学，2019，33（2）：56 - 60.

［235］Chen S H, Huang M H, Chen D Z. Driving factors of external funding and funding effects on academic innovation performance in university - industry - government linkages［M］. New York：Springer - Verlag, 2013.

［236］Thorgren S, Wincent J. Designing interorganizational netw orks for innovation：An empirical examination of network configuration, formation and governance. Journal of Engineering & Technology Management, 2009, 26（3）：148 - 166.

［237］Lichtenberg F. The private R&D investment response to federal design and technical competition［J］. American Economic Review, 1989, 78（3）：550 - 559.

［238］黎文靖，郑曼妮. 实质性创新还是策略性创新？——宏观产业政策对微观企业创新的影响［J］. 经济研究，2016，51（4）：60 - 73.

［239］刘彦随，李进涛. 中国县域农村贫困化分异机制的地理探测与优化决策［J］. 地理学报，2017，72（1）：161 - 173.

［240］陆保一，刘萌萌，明庆忠，等. 中国旅游业与交通运输业的耦合协调态势及其动力机制［J］. 世界地理研究，2020，29（1）：148 - 158.

［241］柏玲，罗溢斌，姜磊，等. 中国城市 NO_x 排放的时空特征与驱动因素：基于空间分异视角［J］. 环境科学学报，2020，40（2）：687 - 696.

［242］沈志清. 产学研合作：国外经验与中国实践［J］. 苏州大学学报（哲学社会科学版），2010，31（6）：56 - 58.

［243］杨林，柳洲. 国内协同创新研究述评［J］. 科学学与科学技术管理，2015，36（4）：50 - 54.

［244］Drejera I, Jorgensenb B H. The dynamic is creation of knowledge：Analysing public - private collaborations［J］. Technovation, 2005（25）：

83 – 94.

［245］Gulbrandaena M, Smebyb J. C. Industry funding and university professors, research performance［J］. Research Policy, 2005（35）：932 – 950.

［246］苏竣，姚志峰. 孵化器的孵化——三螺旋理论的解释［J］. 科技进步与对策，2007（3）：1 – 3.

［247］许霆. 论校企协同的机制创新［J］. 教育发展研究，2012，32（17）：64 – 69.

［248］蒋兴华. 高校协同创新绩效影响因素研究［D］. 华南理工大学，2017.

［249］谢鸿全，周小波，高大海. 高校在推进协同创新中的角色与功能——基于西南科技大学的思考［J］. 高等教育研究，2014，35（11）：43 – 46.

［250］吴伟，吕旭峰，余晓. 协同创新视阈下部属高校合作专利产出发展探析［J］. 中国高教研究，2013（9）：12 – 18.

［251］吴绍芬. 协同创新全方位提升高校科技创新能力——"2011计划"实施一周年综述［J］. 高校教育管理，2013（5）：14 – 19.

［252］王文静，张卫. 产学知识耦合的协同创新效应——基于创新系统的视角［J］. 中国科技论坛，2019（7）：61 – 68.

［253］Lane P J, Lubatkin M. Relative absorptive capacity and interorganizational learning［J］. Strategic Management Journal, 1998, 19（5）：461 – 477.

［254］Chesbrough H, Vanhaverbeke W, West J. Open innovation：Researching a new paradigm［M］. Oxford University Press, Oxford, 2006.

［255］Collis D J, Montgomery C A. Competing on Resources：Strategy in the 1990s［J］. Knowledge & Strategy, 1999, 73（4）：25 – 40.

［256］谢园园，梅姝娥，仲伟俊. 产学研合作行为及模式选择影响因素的实证研究［J］. 科学学与科学技术管理，2011，32（3）：35 – 43.

［257］李柏洲，朱晓霞. 区域创新系统（RIS）创新驱动力研究

［J］．软科学，2007（6）：108 – 111.

［258］王曼骅．美国麻省理工学院协同创新实践研究与启示［D］．河北大学，2016.

［259］陈忠卫．产学研间的信任关系与合作模式选择——基于多案例的比较研究［J］．管理案例研究与评论，2014，7（5）：360 – 371.

［260］吴慈生，李洋，邢建军．区域创新系统研究述评［J］．标准科学，2009，32（12）：84 – 89.

［261］熊肖雷，李冬梅．创新环境、协同创新机制与种业企业协同创新行为——基于要素流动视角和结构方程模型的实证研究［J］．科技管理研究，2016，36（12）：158 – 165.

［262］李金海，崔杰，刘雷．基于协同创新的概念性结构模型研究［J］．河北工业大学学报，2013，42（1）：112 – 118.

［263］庞兰心，官建成．政府财税政策对高技术企业创新和增长的影响［J］．科学学研究，2018，36（12）：2259 – 2269.

［264］朱迎春，袁燕军，张海波．R&D 经费配置的现状、问题与对策——基于2000 ~ 2015 年的统计数据［J］．中国科技论坛，2017（8）：28 – 34.

［265］武学超．影响大学与产业科研协同创新的逻辑因素——基于国外实证研究文献的解析［J］．中国高教研究，2014（3）：42 – 47.

［266］刘天佐，张顺衡．"2011 协同创新中心"绩效及其影响因素分析［J］．湖南农业大学学报（社会科学版），2019，20（2）：84 – 90.

［267］徐玉莲，王宏起．科技金融对技术创新的支持作用：基于Bootstrap 方法的实证分析［J］．科技进步与对策，2012，29（3）：1 – 4.

附　录

附表1　2008~2017年30个省份学研机构经费内部支出来自企业的资金

单位：亿元

年份 地区	2008	2009	2010	2011	2012	2013	2014	2015	2016	2017
北京	21.61	28.27	35.45	43.31	45.34	55.46	55.17	59.83	71.23	80.49
天津	7.62	8.04	9.52	12.80	17.22	22.84	25.25	21.81	22.00	19.83
河北	2.66	2.80	2.94	3.47	3.13	2.94	3.37	3.50	3.89	5.22
山西	3.04	2.86	2.73	3.27	3.64	4.02	3.04	3.75	2.54	3.21
内蒙古	0.35	0.49	0.77	0.60	0.59	1.52	1.00	0.81	0.97	1.05
辽宁	15.18	15.65	14.91	19.24	23.97	25.20	25.24	24.02	24.04	29.60
吉林	3.93	4.30	4.62	4.99	6.32	3.69	4.80	3.76	3.35	4.15
黑龙江	1.54	5.60	9.31	10.66	10.78	15.08	16.98	17.29	19.72	17.64
上海	14.34	16.55	22.07	25.12	23.25	30.49	32.13	32.58	38.26	37.61
江苏	21.28	28.71	26.46	29.62	33.10	38.83	44.57	40.42	41.37	43.18
浙江	8.68	10.05	11.48	15.88	16.58	18.36	18.77	20.31	23.07	25.41
安徽	3.69	3.86	4.16	4.36	6.13	7.68	6.44	6.65	5.43	8.03
福建	2.08	1.80	1.72	1.81	2.54	3.34	3.47	3.82	5.00	8.47
江西	2.03	2.61	3.18	2.79	2.83	2.20	2.21	2.67	3.32	4.24
山东	3.98	5.58	7.51	8.88	10.06	12.58	12.20	10.67	9.90	14.21
河南	3.40	3.37	4.04	4.07	3.80	4.11	4.44	4.64	5.83	7.41
湖北	10.39	11.40	13.79	14.34	15.66	18.46	19.93	19.89	18.80	24.77

年份 地区	2008	2009	2010	2011	2012	2013	2014	2015	2016	2017
湖南	7.37	6.09	6.50	8.73	12.63	10.61	8.73	10.75	9.93	11.91
广东	5.41	6.69	7.65	10.20	11.33	14.79	16.22	16.38	27.39	33.48
广西	1.70	1.80	2.16	2.81	2.35	1.71	1.95	1.58	2.18	2.43
海南	0.05	0.07	0.10	0.07	0.12	0.11	0.13	0.15	0.17	0.28
重庆	8.11	4.54	1.00	7.94	8.93	8.01	7.08	7.15	7.99	10.83
四川	15.03	17.06	19.83	28.71	25.61	26.30	25.00	28.97	31.97	33.47
贵州	0.29	0.81	0.93	1.42	0.95	1.66	1.78	1.11	1.53	2.27
云南	1.35	2.03	2.80	2.10	3.85	3.88	2.97	3.48	3.15	3.03
陕西	11.75	8.13	8.54	11.12	12.45	12.71	18.38	17.01	13.01	14.75
甘肃	0.99	2.09	3.26	4.11	4.05	2.72	2.77	2.85	3.83	4.11
青海	0.08	0.08	0.05	0.12	0.14	0.22	0.28	0.29	0.25	0.31
宁夏	0.02	0.04	0.06	0.10	0.15	0.17	0.10	0.16	0.27	0.21
新疆	0.17	0.13	0.28	0.20	0.38	0.52	0.35	0.45	0.52	0.55

附表2　2008～2017年30个省份地区R&D经费内部支出来自金融机构的资金

单位：亿元

年份 地区	2008	2009	2010	2011	2012	2013	2014	2015	2016	2017
北京	76.64	77.98	79.32	115.8	128.74	104.38	134.04	120.2	118.29	137.6
天津	4.59	9.91	15.22	18.68	18.30	26.11	24.22	29.85	30.24	33.56
河北	2.42	4.23	6.04	2.27	4.57	5.81	6.43	12.15	8.70	9.36
山西	2.03	1.94	1.85	4.28	4.01	3.80	3.00	3.96	3.56	3.95
内蒙古	2.56	2.28	2.01	1.16	4.67	5.40	2.69	4.16	4.81	6.19
辽宁	1.73	4.64	7.55	4.96	4.42	9.46	6.65	7.60	7.45	7.35
吉林	2.54	2.83	3.12	2.94	4.34	5.49	4.76	2.12	2.66	2.59
黑龙江	0.13	2.75	5.36	2.90	3.77	3.87	5.95	6.53	6.57	4.66
上海	34.27	27.46	20.64	29.74	40.10	50.10	56.44	54.46	43.74	55.95
江苏	40.64	36.72	32.81	37.77	50.48	65.00	92.85	90.55	127.35	96.32

续表

年份 地区	2008	2009	2010	2011	2012	2013	2014	2015	2016	2017
浙江	6.24	8.52	10.79	21.36	17.81	17.49	19.85	24.59	18.66	23.21
安徽	12.15	10.47	8.79	8.10	12.39	11.27	19.03	14.26	15.00	25.73
福建	3.45	4.15	4.84	6.08	6.83	8.57	8.77	12.43	13.61	13.92
江西	3.27	2.89	2.51	2.67	3.76	7.16	4.46	3.97	5.02	5.18
山东	10.84	11.89	12.95	16.03	21.10	21.32	23.32	28.95	33.25	34.89
河南	2.65	4.81	6.97	9.14	13.89	12.13	12.89	14.75	15.59	20.41
湖北	5.52	7.51	9.50	11.68	13.43	14.92	14.47	18.83	18.21	16.81
湖南	5.94	7.47	9.01	9.27	8.93	8.86	10.42	9.19	8.44	9.84
广东	1.64	17.85	34.05	38.57	37.30	36.53	43.07	46.11	52.77	55.64
广西	1.36	1.91	2.47	3.72	5.55	6.19	5.77	5.03	5.35	6.54
海南	0.51	0.42	0.33	0.46	1.32	0.28	0.35	0.44	2.97	0.54
重庆	1.70	2.81	3.92	6.74	10.92	7.05	5.02	6.16	13.98	16.56
四川	6.71	6.29	5.86	8.51	12.27	47.00	34.32	28.65	27.98	32.02
贵州	2.70	2.44	2.18	1.89	3.98	3.24	3.36	4.40	4.33	4.08
云南	7.52	4.92	2.32	4.13	4.06	4.61	5.24	3.73	7.38	7.29
陕西	14.05	11.91	9.78	10.14	10.85	17.86	11.50	10.00	10.72	17.45
甘肃	3.04	2.36	1.67	2.29	2.23	1.96	2.53	2.96	3.71	4.19
青海	0.18	0.29	0.41	0.30	0.38	0.58	0.29	0.24	0.20	0.23
宁夏	0.13	0.16	0.19	0.52	0.34	0.28	0.51	0.36	0.42	0.30
新疆	1.93	1.28	0.63	1.25	1.24	1.54	0.79	1.53	1.39	1.15

附表3　2008～2017 年 30 个省份产学研合作专利数　单位：件

年份 地区	2008	2009	2010	2011	2012	2013	2014	2015	2016	2017
北京	3549	4495	7264	9133	10954	16133	18018	17240	14154	13035
天津	141	237	352	349	414	420	784	916	1067	1353
河北	211	176	166	194	305	371	351	310	575	767
山西	64	192	160	287	415	335	826	554	575	519

续表

年份\地区	2008	2009	2010	2011	2012	2013	2014	2015	2016	2017
内蒙古	10	17	35	35	43	106	110	127	204	288
辽宁	340	506	609	811	983	954	992	971	1144	1033
吉林	49	57	108	119	170	201	227	229	249	333
黑龙江	157	125	93	145	166	137	161	175	243	284
上海	915	1232	1314	1553	1833	1857	2346	2298	2681	2616
江苏	799	1361	1706	2441	3252	3412	3849	4324	5042	5543
浙江	749	1226	2134	2504	3909	2982	2671	2619	3531	3509
安徽	117	155	205	277	427	753	816	1095	1639	1759
福建	99	93	99	163	229	357	314	547	679	829
江西	10	29	39	75	121	129	118	204	529	634
山东	204	314	387	497	960	1180	1570	2436	3161	3392
河南	279	357	418	591	576	735	893	1227	1581	1984
湖北	210	442	454	599	745	814	1229	1435	1700	1752
湖南	131	185	246	410	628	757	809	953	901	1157
广东	676	972	1211	3006	2500	3692	4218	5318	5963	7983
广西	11	40	61	127	262	444	594	488	507	943
海南	8	50	19	21	28	57	45	63	101	181
重庆	118	171	148	262	373	540	717	741	896	1081
四川	434	525	553	845	1050	1371	1622	2153	2202	2285
贵州	117	110	307	387	380	452	953	843	942	884
云南	91	84	173	314	348	402	687	860	1235	1169
陕西	210	398	502	656	923	1417	1600	1616	1909	1819
甘肃	92	123	164	193	262	247	184	285	336	469
青海	13	11	23	6	32	68	68	75	127	127
宁夏	2	11	11	28	93	57	47	78	97	132
新疆	32	108	94	65	92	119	140	243	315	332

后　记

　　对协同创新研究的兴趣始于参与导师的国家级课题项目。本书是在我的博士论文基础上修改完成，在书稿付梓之际，要感谢尹继东教授收我做关门弟子和同门师兄师姐的倾力相助。导师和师母不仅关注我的学业，更关心我的思想动态、工作和家庭。导师诲人不倦的高尚师德，严谨求实的治学态度、平易近人的待人处事风格对我产生了极大影响，使我终身受益。感谢同门师兄许水平教授在毕业论文写作、课题申报等方面给予许多宝贵建议和帮助，在任何时候、碰到任何问题，他总能第一时间毫无保留地提供帮助和指导。感谢师姐王秀芝教授，以深厚的学术功底指导我，以勤勉的治学精神鼓励我，她是"四有"好老师的典范，时刻激励我在教学科研的道路上踔厉奋发，笃行不怠。

　　书稿内容主要在南昌大学读博期间撰写，在此感谢南昌大学管理学院的贾仁安教授、涂国平教授、徐兵教授、喻登科教授、卢晓勇教授和张发明教授等的传道授业解惑，引领我一步步迈向学术殿堂。特别要感谢邓群钊教授的"博学＋博爱＋博雅"、"信任＋鼓励＋鞭策"，始终不嫌弃、不放弃，指明方向，传授方法，燃起我对学术的热情和学业的希望，让我在"科学＋坚持"的指引下终于盼来了春华秋实的一天。感谢本科时班主任陈运娟教授一直以来慈母般的关怀，在工作上、生活上、学业上为我排忧解难。感谢博士班的全体同学金恩焘、万科、段祥宇、熊欢欢、龚敏、陈璐和 say 跑团（石俊、艾育红、严红），人到中年尚能收获弥足珍贵、纯洁醇厚的同窗情谊是人生一大幸事，其中室友、闺蜜石俊博士引领我长跑，参加全程马拉松赛，开启一个美妙的精神世界，成为我求学生涯中的抗压神器；班长金恩焘博士堂吉诃德式的乐观主义精神和饱满的激情激励着我，不遗余力地鼎力相助，带领我们毕业攻坚。有幸碰到这么多优秀的好老师、好同学，开阔了胸怀、拓展了眼界、提升了境界，是一辈子难忘的经历和一笔宝贵的精神财富。

感谢我任职的南昌航空大学经济管理学院的领导和同事，经济管理学院院长黄蕾教授总是不遗余力地指导督促我进行课题申报，从事学术研究并促成书稿的面世，在我气馁时鼓励我、在我懈怠时鞭策我；感谢原单位江西师范高等专科学校的领导、同事和朋友给予的大力支持和帮助。

最后，感谢家人的理解、爱和依靠。感谢我的爱人，持续鼓励我攻读硕士学位、博士学位、更新事业平台，在我失意时是我的加油站，在我懊恼时是我的出气筒，在我需要协助时是坚强的靠山，爱与担当，慎终如始；感谢我的儿子，因为抚养你长大，所以与你一起成长，因为希望你优秀，所以和你一起每天进步一点点，与其说是我陪你，不如说你陪我，陪我进步又永葆年轻；感谢我的父母，无条件的爱和无微不至的关怀，因为想更好地爱你们，所以努力成为更优秀的自己。